Nicolas Pinel

La Méthode Heuristique de Mathématiques

Enseigner les mathématiques autrement à l'école

Troisième édition

Nathan

ISBN : 978-2-09-124370-2

Préface

Ce livre est la troisième édition du guide ! Il a fait l'objet d'un long travail artisanal d'écriture, de correction et d'ajouts.

Il témoigne d'une profonde et sincère volonté de faire changer les choses dans l'enseignement des mathématiques, volonté confortée depuis que ce projet a démarré en 2014.

Ce livre est une dédicace à tous ces élèves m'appelant « Monsieur Maths » avec le sourire et me demandant « *Des maths !* » quand je passais dans leur classe.

Ce livre est aussi une dédicace aux professeurs des écoles qui font un travail formidable chaque jour en classe. Il prétend aussi, modestement, vous faire réfléchir. Il est construit sur de nombreuses références que vous trouverez en fin d'ouvrage.

Il est également enrichi de QR codes qui, une fois scannés avec un smartphone ou une tablette, vous donnent accès à un contenu supplémentaire pour approfondir un point en particulier. Vous pouvez aussi accéder à ce bonus via le lien qu'il suffit de recopier dans un navigateur Internet.

Je vous souhaite une excellente lecture !

Nicolas Pinel,
Inspecteur de l'Éducation Nationale

Remerciements

Remerciements les plus sincères à Ludivine CAUFOURIER, Fabienne GABRIEL et Clotilde GALLONI, trois professeures des écoles de grande qualité qui m'ont fait confiance aux origines de cette aventure.

Remerciements à Delphine Apchié, Odile Fleury, Cécile Klein, Hélène Poisson, Marie Sartori, et à mon épouse, Émilie Pinel, pour leur relecture et leurs remarques pertinentes à la lecture de cet écrit.

Remerciements aux centaines d'entre vous qui témoignez de vos expérimentations de la méthode en classe sur Twitter ou Facebook, qui me posent des questions (et c'est utile !), qui m'interrogent… qui m'aident à poursuivre cette aventure.

Les apports de la version 3

Cette troisième édition vise à apporter des précisions, répondre aux questions qui m'ont été posées au cours des premières années de mise en ligne.

Vous trouverez dans cette nouvelle version :

– un enrichissement des premiers chapitres, ajouts, précisions (*notamment sur les neurosciences*) ;

– des précisions dans le chapitre 7 sur la pédagogie explicite, la manipulation, la visualisation en mathématiques et un sous-chapitre entier sur la résolution de problèmes ;

– des enrichissements dans le chapitre 8 : des pistes pour les élèves en difficulté, des aides à la différenciation, sur les leçons et les compléments proposés ;

– l'ajout de cinq chapitres pour préciser comment utiliser la méthode dans d'autres cadres, répondre à des questions pratiques, parler des spécificités du cycle 3 et de la mise en œuvre de la méthode en maternelle et, enfin, donner des compléments à la méthode.

Suivre la méthode sur les réseaux sociaux

La MHM, plus qu'une méthode, est aussi l'occasion de repenser son enseignement des mathématiques, d'échanger entre collègues, de développer de nouvelles pratiques professionnelles.

Pour cela, la méthode se diffuse sur différents réseaux.

- Sur **Facebook** : https://www.facebook.com/MethodeHeuristiqueMaths.

- Sur **Twitter** : @MathsMhm
ou avec le hashtag #MHM qui vous donnera l'historique d'échanges, de photos et d'idées proposés par les collègues.

- Sur **YouTube** avec la chaine dédiée : https://huit.re/chaineyoutube.

- Sur **le forum** : http://forummhm.eklablog.fr.

Introduction

Les mathématiques sont de plus en plus présentes dans notre quotidien, sans que nous en ayons conscience, que ce soit via les nouvelles technologies ou par l'optimisation de processus industriels. Elles agitent régulièrement l'actualité : positivement, lorsqu'un Français reçoit un prix prestigieux (comme lorsque Yves Meyer a reçu le Prix Abel en mars 2017[1]), ou plus négativement lorsqu'il s'agit de parler de la crise de recrutement des professeurs de mathématiques[2] ou lorsque sont publiés les résultats aux évaluations internationales…

En février 2018, Luc Ferry, ex-ministre de l'Éducation Nationale a déclaré que les mathématiques ne servaient à rien au quotidien[3]. Deux collégiennes lui ont répondu en vidéo de fort belle manière.

Les mathématiques sont-elles inutiles ?
Vidéo de la chaine *YouTube* « Scienticfiz ».
https://huit.re/mathsinutiles

Un constat général se dresse sur la baisse des performances des élèves en mathématiques. Le pourcentage d'élèves en difficulté a tendance à augmenter et les écarts se creusent (le nombre d'élèves de très bas niveau est passé de 17 % en 2003 à 23 % en 2015 d'après l'OCDE ; de même, le nombre de bons élèves est passé de 15 % en 2003 à 11 % en 2015). Pourtant, les mathématiques

1. Cf. https://huit.re/prixabel.
2. Presque un quart des postes au CAPES non couverts en 2016.
3. Cf. https://huit.re/declarationferry.

sont au cœur de notre système économique, scientifique et scolaire et en sont l'un des principaux outils de sélection.

Comment changer les choses ?

La Méthode Heuristique de Mathématiques, ou **MHM**, se présente comme une réponse parmi d'autres. Elle ne prétend pas au miracle, possède ses avantages et inconvénients, se veut pragmatique et adaptée aux cours doubles niveaux ainsi qu'aux différents publics enseignants. Des choix ont été réalisés pour qu'elle soit accessible à tous. Elle n'est pas construite à partir du niveau d'un élève lambda « parfait », mais a été testée par des dizaines de classes et évaluée positivement. Cette méthode est pensée sur le cycle complet à l'école, du CP au CE2, puis sur le CM1-CM2.

L'objet de ce guide est **multiple**.

• **Expliquer comment cette méthode s'est construite** à partir d'un constat sur l'enseignement des mathématiques, sur les résultats des élèves en France et sur le rapport que les enseignants et les élèves entretiennent avec la discipline.

⇨ Chapitres 1 à 3

• **Présenter les réflexions et les appuis scientifiques** qui ont conduit à construire la base de la méthode.

⇨ Chapitres 4 et 5

• **Expliciter ce qu'est la méthode heuristique**, sa conception, sa gestion pédagogique et didactique, son fonctionnement concret en classe, etc.

⇨ Chapitres 6 à 8

• **Accompagner la mise en œuvre de la méthode** et de cette démarche d'enseignement, en répondant aux questions concrètes qui se posent.

⇨ Chapitres 9 à 13

Au-delà de la présentation de la méthode heuristique, ce guide vous invite à **réfléchir à l'enseignement des mathématiques**, mais aussi au métier d'enseignant et à vos pratiques professionnelles. C'est pourquoi, pour enrichir le propos ou pour aller plus loin, des QR Codes proposent des liens à scanner[4].

> *Beaucoup sont persuadés de ne pas aimer les maths et ne pas avoir de prédispositions pour cette matière, mais je pense qu'ils en auraient si on prenait le temps de bien les leur enseigner. On a eu le tort, pour rendre les maths attractives, d'en simplifier les concepts et d'en réduire le volume d'enseignement. Tout ce qu'il ne fallait pas ! Car du même coup, on donne moins de temps aux élèves pour se mettre en confiance avec ce langage, on ne leur permet pas de se forger des raisonnements et, en réduisant la quantité d'exercices, on a supprimé l'entrainement, qui est la seule chance qu'on a de s'immerger là-dedans.*
>
> *Cédric Villani*, article de *Coopération*, 4 décembre 2012.

4. Il existe de nombreuses applications gratuites pour scanner des QR-codes. Je suggère l'application « Scanopé » ou, pour les élèves, « Scanopé Kids ».

Activité de recherche en CP.

CHAPITRE

1

Les mathématiques et nous

Le mot « mathématique » vient étymologiquement du grec et peut être traduit par « ce qui peut être appris » ou « ce qui peut être enseigné ». Bien que les premières traces de mathématiques soient anciennes[1], on peut considérer que les Grecs ont été les premiers à utiliser les mathématiques de façon abstraite, et non seulement à des fins pratiques . Leur impact a été important dans l'histoire des mathématiques. Les mathématiciens les plus connus du public ne sont-ils pas Pythagore, Euclide et Thalès ?

Aujourd'hui, le champ de savoirs représenté par les mathématiques est extrêmement vaste et complexe, réparti en de multiples spécialités ou sous-domaines (algèbre, arithmétiques, géométrie, etc.). Il reste encore des théorèmes non démontrés, dont la résolution aurait sûrement des conséquences scientifiques remarquables.

On distingue généralement les mathématiques dites « pures » et les mathématiques « appliquées ». Les mathématiques « pures » travaillent sur des concepts théoriques dans différents sous-domaines. On peut y classer par exemple la logique mathématique, la topologie, la théorie des groupes, la théorie du chaos, les équations différentielles… Les mathématiques « appliquées » concernent des domaines scientifiques où on peut faire un usage concret des mathématiques : la cryptographie, les statistiques, les mathématiques financières pour l'économie, etc.

1. Allez lire le passionnant ouvrage de M. Launay, *Le Grand Roman des maths*, Flammarion, 2016.

À l'école, et même au collège, on n'étudie qu'une petite partie des mathématiques : la connaissance des nombres, un peu de géométrie, de mesures, le tout axé sur la résolution de problèmes. Les élèves eux-mêmes n'ont pas conscience qu'ils rencontrent des problèmes de mathématiques dans de nombreuses situations de leur vie quotidienne : dans les jeux de construction (*comprendre un plan, les étapes, compter des briques…*), les jeux de société (*utiliser un dé, avancer, compter, comparer, anticiper…*), mais aussi le jardinage (*faire un potager, organiser des plantations en mesurant, observer la croissance des plantes…*), la cuisine (*comprendre une recette, effectuer les mesures demandées*), etc. Les enfants ne font pas le lien entre ces activités et la vie de la classe.

Une carte des mathématiques

Dominic Walliman, physicist and science writer, 2017.

https://huit.re/cartemaths

A Les mathématiques dans la société française

Il n'est pas rare d'entendre autour de nous « Moi, je ne sais pas, je suis nul en maths ». Cette expression est parfois même teintée d'une sorte de fierté. On en rit et on en a rarement honte ! Inversement, il ne viendrait à l'idée de personne de se vanter de ne pas comprendre un texte.

Combien d'enseignants ont entendu des parents d'élèves leur dire : « Vous savez, j'étais nul(le) en maths à son âge… », sous-entendant que réussir en mathématiques serait héréditaire ? Mais aussi : « Si tu es bon en maths, fais une terminale scientifique, cela te permettra de faire le métier que tu souhaites », parce qu'être « bon » en mathématiques est une clé de sélection de notre système scolaire. La terminale S, scientifique, serait ainsi la porte ouverte à tous les métiers.

Notre société véhicule cette image élitiste des mathématiques. Les exemples sont nombreux. Au moment des soldes, certaines enseignes affichent les réductions en euros correspondant aux pourcentages, considérant que nous sommes incapables de calculer la réduction de 10 % sur un produit… alors que le tableau présentant ces pourcentages peut être plus difficile à lire ! Pour illustrer un article sur les mathématiques, la presse utilise souvent l'image d'un tableau couvert d'équations incompréhensibles, renforçant cette idée que les mathématiques sont un langage hors de portée. Lorsque l'un de nos mathématiciens obtient un prix international, on présente l'heureux récipiendaire comme un génie, un être à part, et non comme un individu qui a beaucoup travaillé pour l'obtenir (ce qui est le cas !). On devrait pourtant plutôt les comparer à des sportifs de haut niveau, alliant talent et travail. Les mathématiques n'ont (plus ?) rien d'universel ni de partagé dans notre culture.

Cédric Villani, le triomphe d'un génie des maths

Article du *Point*, 2010.

https://huit.re/articlevillani

Le rapport qu'entretiennent les Français avec les mathématiques est distant, entre crainte et fascination. Crainte de ne pas comprendre, mais aussi profonde fascination envers ceux qui réussissent. Pourtant, les mathématiques peuvent se montrer attractives, comme en témoignent les succès de librairie des cahiers de sudoku, d'énigmes et autres jeux de logique mathématique.

Le sudoku

Enfin, notre pays connait depuis plusieurs années une crise du recrutement d'enseignants de mathématiques. D'après l'Association des professeurs de mathématiques de l'enseignement public (APMEP), il manque au moins 2 000 postes d'enseignants de mathématiques dans le secondaire.

Une licence de maths a d'autres débouchés que le professorat
Article de *Libération*, 1er septembre 2014.
https://huit.re/licencemaths

B Les programmes

Les mathématiques à l'école, c'est d'abord une histoire de programmes officiels. Les programmes de l'école ont changé à de multiples reprises[2]. Or ce sont eux qui décident ce que les professeurs doivent enseigner en classe, mais aussi l'approche préconisée.

En ce qui concerne l'enseignement des mathématiques, la réforme des années 1970 dite des « maths modernes » a été la plus marquante. Elle introduisait un rapport complètement différent aux mathématiques. Le point le plus saillant était de travailler la théorie des ensembles et les bases de numération (base 2 et base 3 en CE1). Cette réforme a été mal vécue par la communauté enseignante et a laissé des traces dans l'histoire de l'enseignement des mathématiques.

Les programmes de 2015 ont changé l'approche des mathématiques par rapport à ceux de 2008. Ils s'appuient sur six compétences majeures : **chercher**, **modéliser**, **représenter**, **calculer**, **raisonner**, **communiquer**, alors que le découpage des programmes de 2008 se centrait sur quatre domaines mathématiques : nombres et calcul, géométrie, grandeurs et mesures, gestion et organisation de données.

2. 7 fois ces quarante dernières années !

Ces derniers programmes introduisent davantage de liens (lier grandeurs et mesures avec la proportionnalité), de croisements des enseignements (avec la géographie, les sciences…) et mettent la résolution de problèmes au cœur de l'ensemble des programmes. Les aspects les plus techniques ont été un peu laissés de côté au profit de la réflexion (calcul en ligne utilisant les propriétés des opérations, vérification de la vraisemblance des résultats…).

Voici quelques points importants à retenir sur les programmes de 2015 :

– la gestion de données et la proportionnalité ne font plus l'objet d'un travail à part, mais sont intégrées dans la numération, la géométrie et la mesure ;

– le passage, en cycle 3, d'une géométrie perceptive à une géométrie instrumentée ;

– l'apparition d'une première initiation à la programmation (déplacements d'un robot) ;

– la nécessité d'une programmation pensée sur trois années au cycle 3 incluant le collège.

Fiches focus sur les programmes

Mathématiques cycle 2 et cycle 3, Frédéric Fulgence, IEN-A DSDEN, 2017.

https://huit.re/fichesfocus

Modifications et ajustements des programmes en 2018

Le ministre de l'Éducation Nationale, Jean-Michel Blanquer, a sorti au Bulletin Officiel du 26 avril 2018 des recommandations pour le calcul mental et la résolution de problèmes.

Ces recommandations précisent les orientations pédagogiques et apportent des clarifications pour un enseignement rigoureux et progressif de ces domaines mathématiques fondamentaux.

C Les horaires

Les horaires ont été aussi impactés par les différentes réformes :

Programmes	Horaire hebdomadaire	Total annuel
1985	6 h	216 h
1995	5 h	180 h
2002	5 h à 5 h 30	180 h à 198 h
2008 et 2015	5 h	180 h

Notons ainsi qu'entre un élève ayant fait sa scolarité dans les années 1980 et un autre dans les années 2000, un différentiel de 180 heures s'est creusé avant l'arrivée au collège, soit une année entière de scolarité mathématique. Certaines personnes y attribuent une partie des difficultés en mathématiques constatées aujourd'hui. Nous verrons plus tard que ce n'est pas si simple.

Au-delà de ces exigences institutionnelles, il ne faut pas oublier le différentiel entre le prescrit et le réalisé. Bruno Suchaut a montré lors d'une étude[3] que le temps hebdomadaire consacré aux mathématiques par les enseignants en CP variait de 3,2 à 7,1 heures, soit du simple au double !

Toutes les enquêtes menées témoignent que les enseignants des écoles primaires y consacrent souvent un temps supérieur aux recommandations officielles. Au second degré, cette souplesse n'est pas possible. L'horaire annuel n'est même jamais complètement atteint au regard des contraintes du terrain.

3. Cf. https://huit.re/etude-suchaut.

CHAPITRE

2

État des lieux

A Les résultats des élèves au travers des enquêtes

Nous avons tous un avis sur l'éducation et l'école. Toutefois, pour passer de l'expérience personnelle à une analyse plus approfondie, il est utile de s'appuyer sur des enquêtes menées rigoureusement et de les confronter.

PISA

« PISA » est une évaluation des élèves âgés de 15 ans qui a lieu tous les trois ans dans le monde. Le sigle signifie : *Programme International de Suivi des Acquis*. Cette évaluation est mise en œuvre par l'OCDE (Organisation de Coopération et Développement Économique). Elle cible les sciences, la compréhension de l'écrit et les mathématiques.

Les résultats de la France se situent dans la moyenne et nous placent en 27e position. Après une baisse des performances il y a plus de quinze ans, nos résultats sont plus stables d'après les dernières enquêtes.

Toutefois, la part des élèves en difficulté tend à augmenter et les performances sont très marquées par un **fort déterminisme social**. Il est par exemple plus fort chez nous qu'aux États-Unis, alors que les inégalités sociales sont bien plus importantes outre-Atlantique.

Exemples d'épreuves de l'évaluation PISA
OCDE, 2012.
https://huit.re/PISA

Enfin, nos élèves s'y révèlent comme les champions de la « non-réponse » !

TIMSS

L'enquête TIMSS 2015 (*Trends in International Mathematics and Science Study*) mesure les performances en mathématiques et en sciences des élèves de l'école primaire. En France, elle a été menée auprès des élèves de CM1 et a fait l'objet d'une note d'information par la DEPP (Direction de l'Évaluation, de la Prospective et de la Performance) en novembre 2016 et d'une analyse critique dans le Café Pédagogique par Rémi Brissiaud[1].

Cette enquête a défrayé la chronique à sa sortie : les piètres résultats des élèves français ont fait l'objet de plusieurs articles de presse.

Laquelle de ces fractions est plus grande que $\frac{1}{2}$?

A. $\frac{3}{5}$ B. $\frac{3}{6}$ C. $\frac{3}{8}$ D. $\frac{3}{10}$

Exemple d'exercice CM1, TIMSS 2011.

Que faut-il retenir de cette enquête ?

La France se situe en queue de peloton dans les résultats européens, mais aussi sur l'ensemble des 49 pays concernés. Mais ce n'est peut-être pas le point le plus inquiétant : les scores sont classés en différents quartiles et le quartile le plus faible des résultats en mathématiques concerne 44 % des petits Français au lieu des 25 % attendus ! Comme pour l'enquête PISA, l'enquête TIMSS démontre que la proportion d'élèves en difficulté en France est plus importante que dans les autres pays et plus impactée par leur origine sociale.

L'enquête fait également le point sur les temps d'enseignement des mathématiques à l'école. En Europe, la moyenne déclarée est de 158 heures contre **193 heures** en France (ce qui est au-dessus des horaires officiels !). On ne peut donc pas corréler strictement la réussite en mathématiques aux nombres d'heures d'enseignement, comme certains les suggèrent régulièrement : d'autres pays réussissent mieux avec moins d'heures !

1. Cf. https://huit.re/TIMSSbrissiaud.

Le second élément à retenir de cette étude est que les enseignants français sont plus nombreux que leurs homologues européens à se sentir peu à l'aise dans cet enseignement, en particulier quand il s'agit d'améliorer la compréhension des mathématiques des élèves en difficulté, ou de donner du sens aux apprentissages mathématiques. Quant à la formation, l'enquête révèle un réel déficit français par rapport à la moyenne européenne. Ainsi, en tant qu'enseignant, de combien d'heures de formation en didactique des mathématiques avez-vous bénéficié ces dix dernières années ? Pour information, un enseignant à Singapour reçoit 400 heures de formation initiale en mathématiques et 100 heures par an de formation continue !

Timss : la France en queue de peloton en maths et sciences

Article du Café Pédagogique, novembre 2016.

https://huit.re/cafepeda_timss

CEDRE

En 2014, cette enquête, pilotée par la DEPP, a mesuré l'évolution des résultats en mathématiques depuis 2008. Les élèves concernés n'ont donc connu que les programmes scolaires de 2008.

Plusieurs points méritent notre attention :

– le pourcentage d'élèves en difficultés a augmenté de **1,3 %** entre 2008 et 2014 ;

– **42,4 %** des élèves ont une maitrise fragile des mathématiques, voire de grandes difficultés ;

– il existe une forte corrélation entre l'origine sociale et les performances des élèves, mais surtout ce phénomène s'est accentué depuis 2008 !

Il faudra prêter attention aux résultats de la prochaine édition pour surveiller l'évolution de ces indicateurs importants.

Les représentations des élèves

Le rapport des élèves aux mathématiques est propre à chacun. Les mathématiques dans la vie quotidienne étant relativement obscures, les représentations des élèves se construisent socialement (en famille), mais surtout dans le cadre scolaire.

Lorsqu'on demande à des élèves d'école primaire ce que sont les mathématiques pour eux, les réponses sont assez homogènes[2] et tournent autour de l'activité menée en classe : *les opérations, les nombres, faire des exercices, faire le fichier*… Cette approche démontre un rapport à la discipline très faussé, loin de l'idée que faire des mathématiques, c'est aussi réfléchir.

Pour beaucoup d'élèves, il y a une désaffection – voire une crainte – des mathématiques qui s'installe au fur et à mesure de la scolarité. L'évaluation PISA a démontré qu'en mathématiques, « anxiété » et « mauvais résultats » étaient corrélés. L'appréhension envers la discipline en France est peut-être à rapprocher de son rôle dans la sélection scolaire.

Certains élèves, sous l'influence de leurs proches ou par une auto construction à l'épreuve de la classe, pensent qu'être « bon en mathématiques » serait génétique. Ces élèves témoignent souvent d'un sentiment d'incompétence et de peu d'estime de soi.

Ces phénomènes sont plus importants encore chez les filles. Elles sont moins enclines, au lycée, à poursuivre des études scientifiques à niveau équivalent ou supérieur aux garçons. Dans les appréciations scolaires liées aux mathématiques, certains mots sont plus fréquents dans les bulletins des filles, et les appréciations varient selon le sexe du professeur. Au final, ces différences impactent la réussite des filles et leur estime d'elles-mêmes. Inversement, au-delà de ces phénomènes, on trouve des élèves passionnés, performants et pour qui cela semble « facile ».

2. Interrogation menée dans plusieurs classes et lors d'une liaison interdegré.

Le documentaire d'Olivier Peyon « Comment j'ai détesté les maths ! » démontre parfaitement cette relation de haine – ou de passion – vis-à-vis des mathématiques.

Comment j'ai détesté les maths !

Article du site CNRS – Images des mathématiques, 2013.

https://huit.re/film_maths

De nombreux auteurs ont interrogé ces questions des représentations et du rapport aux mathématiques. On peut même le constater en classe : les élèves développent des stratégies d'évitement lorsqu'ils ne sont pas à l'aise ou angoissés par l'activité mathématique : ils regardent ailleurs, tripotent le matériel ou se réfugient derrière un « Je ne comprends rien ».

Il est difficile de quantifier l'impact des représentations mathématiques sur les acquisitions des élèves mais, incontestablement, ce rapport est un enjeu fondamental, d'autant plus pour les élèves issus de milieux défavorisés, et il se construit à l'école et avec les parents.

Noémie Courtais @Noemie_Courtais · 2 min
En réponse à @Noemie_Courtais @Nicolaspinel76
2 -La plupart des élèves qui serraient les dents lorsqu'ils entendaient le mot "mathématiques" sont maintenant enjoués... Une transformation

Témoignage sur Twitter d'une enseignante en ULIS.

B Les enseignants et les mathématiques

Pour un certain nombre de professeurs, enseigner les mathématiques consiste globalement à démontrer un savoir puis à faire s'exercer les élèves, dans le schéma classique d'une leçon : *découverte, leçon, exercices, évaluation*. Puis ils passent à une autre leçon. Cela peut sembler caricatural, mais l'est-ce tant que ça ?

« La manière dont on les enseigne ne permet pas aux élèves de faire des maths[3] », commente Christian Mercat[4]. Michèle Artigue souligne également que, trop souvent, c'est un enseignement peu stimulant et conçu comme trop formel, centré sur l'apprentissage de techniques qui ne font pas sens pour les élèves[5].

TALIS

L'enquête internationale TALIS 2013 (*Teaching And Learning International Survey*), menée auprès des professeurs de collège de 34 pays de l'OCDE, s'est intéressée à leur représentation du métier, à leurs pratiques pédagogiques et à leur travail hors classe. Plusieurs remarques émergent de cette enquête et vont alimenter notre réflexion :

– en France, bien plus qu'ailleurs, les enseignants n'observent pas le travail de leurs collègues ;

– les enseignants français utilisent moins les pédagogies dites « actives » : faire travailler les élèves en groupes ou sur des projets de classe ou utiliser le numérique ;

– les enseignants français pratiquent deux fois moins de pédagogie différenciée que leurs collègues étrangers.

3. Cf. https://huit.re/pourquoi-tant-de-haine.
4. Professeur en ESPE et directeur de l'IREM de Lyon.
5. Cf. https://huit.re/enseignement-maths, 2011.

Du côté des professeurs des écoles

Loin des enquêtes internationales, j'ai mené une modeste enquête auprès de 552 professeurs des écoles, majoritairement de l'Académie de Rouen (mais aussi du reste de la France), en janvier 2017. Cette enquête abordait de nombreux points sur leur enseignement des mathématiques.

Que faut-il retenir de cette enquête ?

• Le profil des professeurs des écoles est peu scientifique : seulement 20 % sont issus de filières scientifiques et moins de 5 % de filières purement mathématique (diplômes de niveaux bac + 3 au moins). Ces chiffres rejoignent ceux d'autres travaux (rapports IGEN).

• 44,3 % se déclarent « satisfaits » de leur enseignement, donc plus de 55 % ne sont pas totalement satisfaits…

• 15,8 % se déclarent « en difficulté dans l'enseignement des mathématiques », dont une partie enseigne en CM.

• 10,1 % se déclarent « peu à l'aise » pour préparer leurs séances.

Cette enquête a donc révélé un véritable problème de mise en œuvre de l'enseignement des mathématiques dans un certain nombre de classes.

La formation

La **formation initiale** varie énormément d'un pays à l'autre. En France, la formation des enseignants se fait à l'ESPE (École Supérieure du Professorat et de l'Éducation). L'année de Master 1 est essentiellement consacrée à la préparation du concours et l'année de Master 2 se veut plus professionnelle, mais c'est une formation partielle, la moitié du temps étant dédié à la classe. Pour les professeurs des écoles, cela laisse peu de place aux mathématiques : entre 40 et 80 heures sur l'ensemble du Master. En 2017, en prévision de l'élection présidentielle, plusieurs sociétés savantes, dont la SMF (Société Mathématique de France), ont demandé que les professeurs des écoles soient mieux formés aux sciences dès l'ESPE. En comparaison, les enseignant des écoles de Singapour reçoivent 400 heures de formation initiale en mathématiques !

Apprentissage des maths : la formation initiale des enseignants n'est pas adaptée
Article du *Monde*, 29 novembre 2016.
https://huit.re/article_monde_maths

Pour les enseignants du second degré, la formation se partage entre contenus disciplinaires, contenus didactiques, connaissances du système éducatif, initiation à la recherche… Elle accorde donc peu de temps au final à la pédagogie, aux questions psychosociales, aux modalités de travail, à la différenciation, etc.

La **formation continue** ne satisfait pas totalement les enseignants. Elle est limitée et loin de couvrir tous les besoins, car elle est bien souvent destinée à accompagner les réformes qui viennent bousculer le système. Il n'y a pas le temps d'accompagner des changements profonds auprès d'un grand nombre d'enseignants. Après un sondage auprès de plus de 250 enseignants lors d'une conférence, j'ai réalisé que moins du quart de la salle avait eu une formation en mathématique au cours des cinq dernières années… En outre, les formations proposées font souvent le choix de l'un des domaines mathématiques, voire d'un point très ciblé du programme, et majoritairement sur une entrée didactique. Il n'est jamais envisagé de réflexion sur la globalité de la discipline dans le cycle, ni sur l'impact de l'aménagement de la classe, des outils choisis, etc.

L'enseignement des mathématiques (et la formation à cet enseignement) est une vraie problématique. Les enseignants travaillent souvent individuellement. Les professeurs des écoles ont peu de formation disciplinaire en mathématiques, tandis que les professeurs du second degré ont peu de formation pédagogique. Les croisements entre les enseignants du premier et du second degré sont quasi inexistants. La formation continue, très pauvre, ne permet pas de faire évoluer les choses (en attendant les effets du plan Villani-Torossian).

C Les outils de travail des enseignants

Les enseignants disposent d'outils officiels pour les guider dans l'enseignement des mathématiques. La mise en œuvre des nouveaux programmes (du cycle 2 au cycle 4) a été accompagnée par la mise à disposition de ressources de qualité sur Eduscol. Toutefois, ces ressources sont arrivées tardivement et ne couvrent pas tous les champs du programme. En outre, elles demandent que les enseignants en aient connaissance, qu'ils se les approprient et les adaptent à leurs propres pratiques, ce qui nécessite un temps important. D'autres ressources existent, mais sont peu connues. Concrètement, les premiers outils utilisés par les enseignants des écoles pour préparer la classe sont :

– Internet et plus particulièrement les blogs enseignants qui proposent conseils, ressources, séances, fiches à imprimer… de qualité très variable ;

– les manuels et ouvrages pédagogiques des éditeurs, plus ou moins didactiques.

D'après un rapport IGEN (2006), 75 % des enseignants de cycle 3 utilisent un manuel. L'enquête que j'ai menée en 2017 donne un chiffre de 60,2 % en élémentaire. Il faut savoir qu'en 2015, plus de 120 titres existaient… même si une dizaine de collections monopolisait le marché, en particulier *J'Apprends les maths* (Retz) et *Cap Maths* (Hatier). Ces derniers mois, la « Méthode de Singapour » a été mise en avant à plusieurs reprises et se développe.

Les enseignants utilisent ces outils de façon exclusive ou combinent au gré de leurs besoins, car bien souvent ils ne sont pas satisfaits de leurs manuels ou de leurs fichiers.

On peut dresser plusieurs constats.

⇨ Constat 1

En dépit d'un nombre très important de titres, l'apparence des outils semble assez similaire en termes de format, de graphismes (usages des couleurs, d'icônes, de dessins…), de personnages identificatoires, etc. On trouve peu de choix audacieux malgré des auteurs de talent et le fichier est privilégié…

⇨ Constat 2

Les choix pédagogiques et didactiques de ces outils sont plus importants et variés qu'il n'y parait. En effet, si au premier regard les ouvrages semblent proches, il faut prendre le temps d'une comparaison détaillée afin de prendre conscience des écarts importants. Le CNESCO (Conseil national d'évaluation du système scolaire) a mené ce travail et les conclusions sont édifiantes. Le nombre de séances sur un domaine donné peut varier énormément, de même que la place dans l'année d'une notion. Ainsi :

– en CE2, la place accordée au domaine « Nombres et calculs » peut varier de 37 % du total de la pagination à 67 % selon le manuel scolaire choisi, ce qui impacte les connaissances à l'entrée en CM1 ;

– un manuel de CM1 introduit les fractions en octobre et leur consacre 8 séances, alors qu'un autre manuel les introduit en février et leur consacre 21 séances.

⇨ Constat 3

Les manuels et fichiers des écoles sont associés à des guides du maitre (guides pédagogiques) de lisibilité très variable et pas toujours utilisés par les enseignants, comme ils le reconnaissent souvent eux-mêmes. Or, sans la lecture de ces outils, l'objet manuel/fichier est complètement dévoyé.

⇨ Constat 4

Les manuels et fichiers peuvent être contre-productifs. Ainsi, le CNESCO se montre critique : « Le support-fichier oriente de manière très importante le travail des élèves, contraints d'entrer la plupart du temps dans un format unique de réponse, dans un espace parfois très limite réservant peu de place pour la recherche de diverses solutions ou plus largement pour des essais de procédures. »

Certains manuels proposent par exemple un travail sur la pesée à partir de dessins représentant des balances de Roberval. Selon le dessin, les élèves doivent déduire l'objet le plus lourd, sa masse, etc. Mais est-on sûr que l'élève a auparavant pris le temps de manipuler une vraie balance, de comprendre que le rapport entre volume et masse n'est pas celui qu'ils avaient imaginé, qu'à matière identique deux objets peuvent avoir la même masse alors qu'ils ont une forme totalement différente ? Sous la pression « temporelle » de finir le programme, sous la contrainte du manuel ou du fichier qui « fait perdre du temps » par sa manipulation et sa compréhension, l'enseignant peut sauter ces étapes… des étapes didactiques incontournables !

Les manuels scolaires de mathématiques à l'école primaire
Dossier du CNESCO, novembre 2015.
https://huit.re/dossier_cnesco

En outre, plusieurs chercheurs (André Tricot notamment) soulignent que ces ressources peuvent être inefficaces par leur forme : excès d'informations inutiles ou décoratives, défaut de lisibilité, impossibilité pour l'élève de rendre les informations intelligibles, etc.

C'est parce qu'une majorité des enseignants des écoles utilisent ces outils[6] qu'il faut avoir conscience de leurs limites. Ces différents constats ont alimenté ma réflexion dans la conception de la méthode heuristique.

6. D'autres enseignants, bien sûr, utilisent des outils pertinents, comme la recherche ACE.

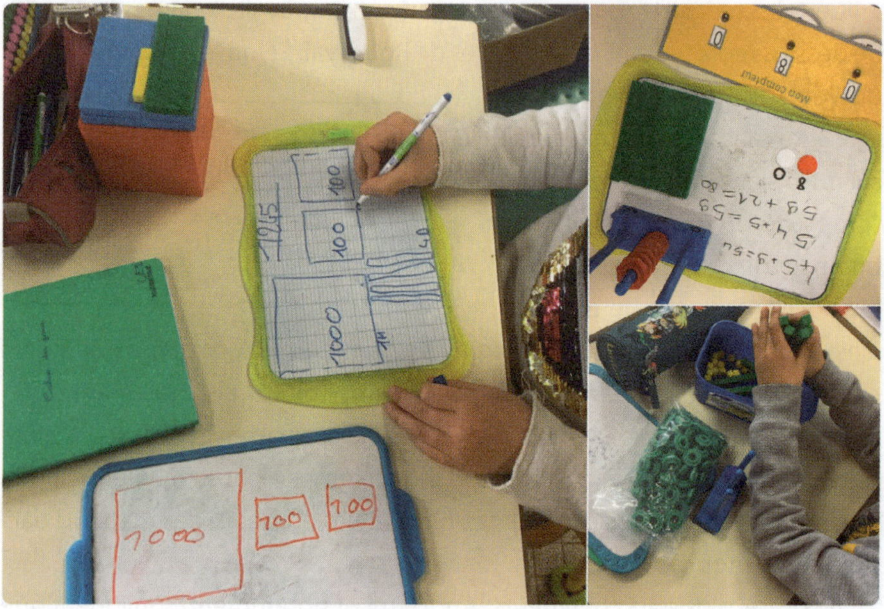

Ateliers CE1/CE2.

Construction du flocon de Von Koch en CM.

CHAPITRE

3

Réflexions initiales

Dans le chapitre 2, nous avons dressé de nombreux constats. Même s'ils peuvent sembler rapides et qu'ils n'abordent pas la totalité des facettes du problème, force est d'admettre qu'il est nécessaire de changer les choses. Il n'est pas normal que des élèves aient peur de faire des mathématiques, même si cela ne concerne qu'une minorité. Il n'est pas acceptable que l'on creuse les inégalités. Il est frustrant que les résultats des élèves ne soient pas à la hauteur des énergies investies… Je propose donc d'**enseigner les mathématiques autrement**, de repenser la façon de mener les séances au quotidien.

Un enseignement rénové des mathématiques ne peut pas être autocentré. Il y a beaucoup à apprendre de la recherche et des pratiques de nos collègues à l'étranger. Sans chercher à reproduire tel ou tel modèle, il y a de bonnes idées à prendre ailleurs, à condition de les analyser et de les adapter.

Ainsi, l'enquête PISA a révélé l'évolution remarquable de la ville de **Singapour**, passée en vingt ans des dernières places du classement aux premières. Au-delà d'une culture forte des cours privés le soir, pendant lesquels les élèves étudient à nouveau, et au-delà d'une culture investissant davantage l'éducation, Singapour a peut-être d'autres secrets dont on pourrait s'inspirer. En effet, quand on étudie l'évolution des résultats, certaines données émergent :

– des choix politiques ambitieux, en accord avec un investissement conséquent ;

– la continuité des politiques éducatives ;

– la révision du statut des enseignants singapouriens : ils sont parmi les mieux payés au monde, sont soumis à une évaluation régulière et bénéficient d'une formation continue très importante ;

– un modèle davantage axé sur la créativité et l'autonomie des élèves que sur la transmission des connaissances.

De façon globale, il y a à Singapour une exigence de résultats vis-à-vis des élèves. Une importance forte est donnée à l'école et aux apprentissages, comme en témoigne l'existence de nombreux cours du soir. L'école y est encore considérée comme la voie royale pour obtenir un emploi. En outre, les programmes sont généralement moins chargés qu'en France et moins centrés sur la théorie. De façon plus pragmatique, en classe, les enseignants singapouriens ont davantage recours aux supports visuels, à une démarche de recherche, à l'observation de leurs collègues…

Sur certains points, il faudrait donc en France un changement de politique et une volonté forte. Pour autant, faut-il ne rien faire et attendre ? Pas du tout. L'enseignant, dans sa classe, a déjà les moyens de faire évoluer les choses et c'est tout l'objet des réflexions développées dans cet ouvrage.

Changer l'école ou changer de politique éducative ?

Dossier « Qu'est-ce qui fait changer l'école », *Cahiers Pédagogiques*, janvier 2017.

https://huit.re/changer_ecole

El Pétit Prince @Ptiprince1 · 35 s

En réponse à @Nicolaspinel76

Mon bilan c'est la réaction de mes élèves quand je leur dit qu'on va faire maths : "ouaissssss"

Témoignage d'un enseignant sur la méthode.

A Un enseignement rénové

Un changement de pratiques est donc nécessaire. Certains sont assez radicaux dans leurs propositions, à l'instar de Conrad Wolfram. Cet Américain propose un programme rénové de l'enseignement des mathématiques basé sur l'utilisation de l'ordinateur et l'enseignement de la programmation. Sa réflexion initiale se fonde sur le décalage entre les mathématiques enseignées à l'école et celles que l'on utilise dans la vie quotidienne. Ainsi, plutôt que de s'évertuer à apprendre des techniques qu'il juge inutiles, comme la division posée, il préconise des exercices plus stimulants intellectuellement.

Enseigner les vraies mathématiques aux enfants avec l'ordinateur
Conférence TED de Wolfram Conrad (vidéo), novembre 2010.
https://huit.re/video_wolfram

Sans adopter ce modèle, car clairement ni nos politiques ni notre société n'y sont prêts (alors que la Slovénie a adopté ce programme !), il semble indispensable de repenser l'apprentissage, en le rendant moins abstrait et plus ancré dans le réel.

Ma conviction est que cet enseignement rénové doit se mettre en place dès le plus jeune âge. Un élève doit sortir de l'école primaire avec un sentiment de réussite en mathématiques et une appétence certaine pour la discipline. Il faut redonner de l'optimisme et de l'envie, cœur de la motivation !

On a ainsi plus d'une douzaine d'années pour bâtir des fondations solides, développer des capacités de conceptualisation et de réflexion mathématiques, ne pas se focaliser sur les techniques (opératoires ou les « astuces » pour que les élèves parviennent à réaliser telle ou telle technique mathématique), mais axer son enseignement sur la réflexion et une utilisation intelligente des connaissances acquises.

B La base de la méthode

La méthode MHM s'est construite sur une base solide qui constitue le cœur de la méthode. Elle tient en trois points : un socle de fondamentaux, des bases scientifiques et didactiques, une pédagogie au service de l'enseignement des mathématiques.

Un socle de fondamentaux

Par fondamentaux, j'entends :

– des valeurs, éducabilité et bienveillance, qui devraient être au cœur de toute pratique enseignante ;

– une réflexion sur l'évaluation au centre de toute démarche d'enseignement ;

– une redéfinition du rôle des enseignants dans la classe, mais aussi des parents.

Ces fondamentaux peuvent sembler des évidences, cependant il est non seulement nécessaire de les rappeler, mais surtout d'en faire une réalité dans le quotidien de la classe. Il est important de remettre à plat le rôle de chacun.

Des bases scientifiques et didactiques

Un enseignement rénové des mathématiques doit être construit sur des bases didactiques et pédagogiques solides, à partir des recherches actuelles. Il faut notamment s'appuyer sur les apports récents des neurosciences. La méthode MHM est une synthèse pragmatique des sciences de l'éducation, des connaissances en psychologie cognitive, en neurosciences et en didactique des mathématiques. Il existe de nombreuses recherches françaises et étrangères qui semblent méconnues des enseignants alors qu'elles devraient faire partie d'une culture commune.

Une pédagogie au service des mathématiques

Comme le dit Michel Fayol[1], il faut mettre autant l'accent sur les mathématiques comme discipline que sur la manière de les transmettre. La méthode heuristique soutient que la rénovation de cet enseignement doit se faire par une mise en œuvre pédagogique différente, dynamique et active.

Les outils des enseignants et des élèves méritent donc d'être repensés. N'est-il pas absurde que des enfants de CP complètent des fichiers dans lesquels il faut colorier des formes, compter des pommes… ? Cette approche est particulièrement abstraite et éloignée de la manipulation et de l'expérimentation auxquelles on devrait confronter les élèves ! Il est difficile d'imaginer qu'ils réalisent à travers les fichiers une réelle activité cognitive source d'apprentissage. Et pourquoi les mêmes contenus, tant qualitativement que quantitativement, sont proposés aux élèves alors que nous connaissons tous l'hétérogénéité des élèves ?

L'usage unique et exclusif d'un fichier est ainsi clairement à bannir. Les élèves doivent percevoir que les mathématiques sont complexes, demandent réflexion et qu'on les comprend par l'action.

La méthode MHM s'inscrit aussi dans une démarche élargie sur le rapport des élèves aux apprentissages et la prise de conscience qu'apprendre peut demander des efforts.

D'autres modalités de travail doivent alors être mises en œuvre et permettre à l'élève de changer son regard sur les mathématiques, mais aussi d'entrer dans des apprentissages exigeants.

---

1. *Science & Vie*, hors-série n° 278, mars 2017.

Le coin maths d'une classe de CP.

CHAPITRE

4

Un socle de fondamentaux

A L'éducabilité

Qu'est-ce que le principe d'éducabilité ?

Le principe d'éducabilité repose sur l'idée que tout élève est éducable, quel que soit son potentiel de départ. En effet, il ne suffit pas de transmettre un savoir pour que les élèves apprennent, car ils sont soumis à des contraintes cognitives, affectives, sociales… différentes. Pour que les élèves apprennent, il semble évident que l'on ne peut pas utiliser les mêmes méthodes avec tous. Si notre enseignement propose un chemin unique, les élèves ne vont pas tous le suivre spontanément ni au même rythme, car ce chemin n'est pas forcément adapté.

Enseigner autrement les mathématiques pour que TOUS réussissent, c'est d'abord postuler explicitement l'éducabilité de tous les élèves. Certains pourraient dire : on le fait déjà… Incontestablement, les enseignants travaillent, préparent leur classe consciencieusement, cherchent des solutions pour aider ces élèves qui ont un rythme d'apprentissage différent, mais, pour autant, la réalité est parfois dure. Les résultats des différentes évaluations en témoignent. On peut en attribuer la responsabilité au manque de moyens, mais pas uniquement. D'autres pays creusent bien moins les écarts entre les différentes classes sociales, avec un investissement par élève équivalent ou moindre. La responsabilité est collective. Elle incombe aussi au pilotage de notre système, à une politique éducative changeante et surtout à un manque de formation des enseignants.

En effet, ces derniers, soumis à trop de contraintes, ont parfois perdu l'horizon de l'éducabilité. En postulant l'éducabilité de tous nos élèves, nous prenons nos responsabilités. Il ne faut pas se leurrer en attribuant les échecs rencontrés aux seules causes extérieures (*l'élève, ses parents, son milieu social, l'absence d'aides spécialisées, les classes surchargées, le manque de moyen, le système…*).

Pour certains enseignants, cette trop grande pression peut sembler lourde à porter. Pourtant, il faut y voir au contraire la possibilité que les choses peuvent évoluer positivement, que cette réussite est envisageable.

Le pari de l'enseignant est alors de mettre en œuvre toutes ses compétences pour parvenir à ces objectifs et de le faire en équipe, en faisant appel à l'intelligence collective.

Le pari de l'éducabilité
Interview de Philippe Meirieu (vidéo), 2014.
https://huit.re/interview_meirieu

Les apports de la neuro-éducation[1] nous explicitent qu'il ne faut pas être fataliste. Rien n'est figé à la naissance. La plasticité cérébrale permet au cerveau d'évoluer, de se créer de nouvelles connexions à tout âge.

L'incroyable plasticité du cerveau humain
Philippe Fait, conférence TEDx (vidéo), 2017.
https://huit.re/conference_fait

1. Ce point est approfondi au chapitre 5.

B La bienveillance

La loi d'orientation de l'école puis les nouveaux programmes ont placé la « bienveillance » au cœur de leur philosophie. Mal interprété, détourné voire moqué, le terme de « bienveillance » est mal compris. Il faut concevoir le concept dans toute sa complexité. Certains le qualifient de « concept mou », et pourtant on peut clairement le définir. Un enseignement bienveillant, et par extension une école bienveillante, vont répondre à plusieurs critères.

• Offrir un **cadre rassurant** où l'élève se sent en sécurité (affective et intellectuelle).

• Offrir un **espace relationnel sain** où les relations entre adultes, entre élèves, sont respectueuses, inscrites dans une confiance réciproque : ni défiance, ni injustice, ni mépris, mais de l'empathie, de l'entraide, de la coopération. C'est un espace dans lequel l'élève sent qu'on se préoccupe de lui en tant qu'individu.

• Offrir un **espace pédagogique** dans lequel l'élève se sent reconnu, où il peut développer ses compétences scolaires et sociales en confiance.

• Offrir un **cadre exigeant** : en reconnaissant les difficultés et capacités de progrès de chacun (dans toute leur complexité, en considérant l'élève dans toutes ses dimensions : sociales, cognitives, culturelles…), en cherchant à stimuler, en étant ambitieux, etc.

L'enseignant peut s'appuyer sur **l'effet Pygmalion**, mais aussi sur les recherches en neurosciences affectives et sociales. L'effet Pygmalion explicite un comportement bien connu : si un enseignant a des informations sur un élève, il va implicitement changer son comportement vis-à-vis de cet élève, adopter un comportement qui va influencer les résultats scolaires de ce dernier. Le jugement porté conditionne le comportement de l'enseignant.

L'effet Pygmalion
Valérie Strohmenger, « aimer enseigner » (vidéo), 2015.
https://huit.re/pygmalion

Les travaux de Catherine Gueguen sont également éclairants sur les émotions des enfants et leur impact sur leurs apprentissages[2]. En effet, les recherches récentes en neurosciences sur le développement émotionnel et affectif des enfants doivent nous conduire à adopter une nouvelle posture. La relation enseignant-élève doit être bienveillante, empathique, aider l'enfant à augmenter son sentiment de confiance, diminuer son stress et lui permettre d'évoluer positivement.

La classe doit être un endroit où tous les élèves se sentent bien et dans lequel ils ont le sentiment qu'ils peuvent réussir. Une ambiance stimulante et bienveillante à l'école facilite l'apprentissage. Cet état d'esprit doit être encore plus net en mathématiques, au regard des appréhensions des élèves.

Beaucoup de parents et d'enfants pensent qu'il faut avoir un don pour réussir en mathématiques, comme si c'était inné. Cette idée pose évidemment un problème lorsque les élèves attribuent leur réussite ou leur échec à cette aptitude plutôt qu'à leurs efforts et elle est, de plus, totalement fausse.

Il existe un lien prouvé entre la réussite des élèves en mathématiques et leur attitude à l'égard de cette discipline. S'ils ont confiance en leur capacité à réussir, cela aura un impact positif sur leurs performances. Un environnement bienveillant doit directement contribuer à la confiance des élèves en leur sentiment d'auto-efficacité.

2. Catherine Gueguen, *Heureux d'apprendre à l'école*, Les Arènes, 2018.

C L'évaluation

L'évaluation est au cœur des choix pédagogiques des enseignants. Elle accompagne et pilote l'enseignement en classe. Si l'enseignant reste axé sur une évaluation majoritairement sommative, il montre implicitement aux élèves qu'il accorde de l'importance au résultat et non au processus. Combien d'élèves échouent ainsi en résolution de problèmes parce que le résultat n'est pas juste, voire que la phrase réponse est mal rédigée, alors qu'ils ont effectué la bonne démarche ? Ce qui compte ne devrait-il pas être le processus, la capacité à réfléchir et, *in fine*, la compréhension du problème ?

L'évaluation sommative

La méthode d'évaluation la plus répandue, dite « traditionnelle », est clairement sommative. Qu'on l'appelle contrôle, évaluation ou devoir, elle vient au terme de l'apprentissage d'une notion (d'une séquence d'enseignement).

Or, les recherches en docimologie[3] ont montré tous les travers de l'évaluation sommative, dont le but implicite est surtout de comparer, voire de classer les élèves. Elle présente en effet un certain nombre d'inconvénients.

• Elle est génératrice de stress pour les élèves, avant, pendant et après l'évaluation. Ce stress peut être bloquant et provoquer des erreurs. Combien de fois avez-vous vu des élèves se tromper dans une évaluation sur une compétence qu'ils maitrisent parfaitement hors évaluation ?

• Elle ne tient pas compte de l'hétérogénéité des élèves. Très souvent, ce sont les mêmes activités qui sont proposées pour tous les élèves.

• Elle manque d'objectivité : d'une classe à l'autre, d'un élève à l'autre, d'une école à une autre… Le même professeur corrigeant la même évaluation aura une appréciation différente à quelques semaines d'intervalle. L'image que l'on se fait de l'élève joue un rôle non négligeable dans l'évaluation.

3. « L'étude des épreuves » est la discipline scientifique consacrée à l'étude du déroulement des évaluations en pédagogie.

Cette subjectivité peut aller loin : Pierre Merle[4] a montré que des professeurs de lycée ne donnaient pas les mêmes notes selon le niveau d'études, le type d'établissement, la section, la discipline et les caractéristiques sociodémographiques des élèves (âge, sexe, origine sociale).

• Elle ne renseigne pas forcément sur la réalité des apprentissages des élèves, mais sur leurs performances à un moment donné.

• Les élèves ont une faible compréhension de ce qu'on attend d'eux réellement, d'où des réponses qui semblent parfois incohérentes, mais qui s'éclaircissent lorsqu'ils nous expliquent ce qu'ils pensent…

Une évaluation « traditionnelle » sert-elle donc réellement la construction des apprentissages ? N'a-t-elle pas une vision trop ponctuelle ? N'est-on pas plus exigeant dans une évaluation au long cours ?

Il faut conduire les élèves à changer de regard sur l'évaluation. Trop d'élèves n'attendent qu'une seule chose : savoir s'ils ont réussi ou non, réussite attestée par la note, le « point vert », l'« acquis »… Et bien souvent ils ne s'attardent même pas sur les commentaires que l'enseignant a pu écrire sur l'évaluation.

L'évaluation peut être pensée de différentes façons, mais il est important que la forme d'évaluation choisie soit cohérente avec les démarches d'enseignement.

C'est pourquoi la méthode heuristique fait des choix clairs. Dans le cadre d'un enseignement bienveillant, pensé autour de l'éducabilité des élèves, la place et les modalités de l'évaluation sommative sont nécessairement à repenser.

Notre système scolaire est ainsi extrêmement violent pour certains élèves. Il est adapté aux bons élèves, mais cela s'avère compliqué de composer avec les élèves en difficulté, les élèves timides, les élèves désintéressés[5]… pour qui ces commentaires et ces modes de notations sont difficilement compréhensibles.

---

4. Olivier Cousin et Pierre Merle, « L'évaluation des élèves, enquête sur le jugement professoral », *Sociologie du travail*, 40e année n° 4, oct-déc 1998, pp. 523-525.
5. Et les élèves dys-, précoces, etc.

L'évaluation sommative ne devrait donc être conservée que pour ce à quoi elle sert : marquer des étapes clés (fin de l'année scolaire, validation du socle, diplôme, etc.).

L'évaluation formative au collège Henri Barbusse
Le réseau de LéA (vidéo), 2015.
https://huit.re/exemple_evaluation

Le rapport à l'erreur

L'évaluation ne peut être détachée d'une réflexion sur le rapport à l'erreur. Or celui-ci est souvent problématique. L'étude d'évaluations d'élèves, que ce soit à l'école primaire ou au second degré, offre souvent les mêmes constats :

– la présence de commentaires sous forme de jugement de valeur : « maladroit », « tu aurais pu faire mieux », « tu n'as pas fait assez d'efforts »… ;

– une majorité de commentaires soulignant les oublis, les erreurs… ;

– les aspects négatifs mis davantage en avant que les aspects positifs ;

– une imprécision du vocabulaire : que signifie un « assez bien » ou un « vu » griffonné dans la marge d'un cahier ?

Ces constats témoignent d'une mauvaise compréhension des erreurs que les élèves ont pu commettre. Or, ne pas comprendre les erreurs signifie ne pas pouvoir y remédier.

Jean-Pierre Astolfi a proposé une **typologie des erreurs** à laquelle on pourra se référer : erreurs relatives aux consignes, erreurs résultant d'habitudes scolaires, erreurs liées aux opérations intellectuelles, erreurs sur la démarche à adopter, etc.

Typologie des erreurs et remédiations
Document de M.-F. Vespier, stage AEFE, 2009.
https://huit.re/typologie_erreurs

L'évaluation dans la méthode

La méthode MHM s'appuie sur tous ces constats pour une évaluation repensée. L'évaluation y est quasi continue, majoritairement formative et l'élève en est acteur. Elle propose de réguler les apprentissages, tant pour l'élève (en lui permettant de savoir où il en est) que pour l'enseignant (en lui permettant d'adapter son enseignement). L'évaluation va s'appuyer sur des **critères explicites** et partagés avec les élèves. Il s'agit d'annoncer clairement les objectifs. Par exemple, au CE2 : « Tu peux considérer que tu connais tes tables de multiplication si tu es capable de restituer le résultat d'un produit ($3 \times 7 = ?$) ou le facteur manquant ($4 \times ? = 24$) dans neuf cas sur dix. »

L'évaluation formative ainsi pensée permet à l'enseignant et à l'élève d'échanger, de verbaliser les réussites et les difficultés. Ils pourront alors mesurer, ensemble, le chemin qu'il reste à parcourir.

En ce qui concerne le rapport à l'erreur, la méthode fournit régulièrement des rétroactions sur les tâches mathématiques des élèves. Les erreurs deviendront donc un levier pour améliorer l'apprentissage. L'erreur ne sera plus alors une marque d'anormalité, mais un élément du processus d'apprentissage.

On doit privilégier les **évaluations formatives** (en cours d'apprentissage) qui aident les élèves et pilotent les apprentissages. Les évaluations sommatives doivent être conservées uniquement pour marquer les étapes de la scolarité, tout en n'étant qu'une photographie à un instant donné dans un contexte (de stress) particulier.

La mise en œuvre concrète de ces choix est détaillée dans le chapitre 6.

D Le rôle de l'enseignant

L'enseignement ne peut plus se vivre comme une simple situation de transmission, comme nous l'avons vu précédemment. Il ne suffit pas d'enseigner pour que les élèves apprennent, n'en déplaise à certains qui osent encore dire qu'il suffit que l'élève écoute et apprenne pour qu'il réussisse. En postulant qu'un savoir ne peut s'acquérir que si on le construit, on voit bien qu'il faut changer de paradigme. L'enseignant devient alors un **médiateur de savoirs** : il va élaborer et mettre en œuvre des scénarios pédagogiques permettant aux élèves de développer les compétences visées.

Cette posture peut être un changement radical pour certains enseignants. Or on sait qu'on ne change pas de posture d'enseignement sur « simple commande ». Il faut avoir pris conscience de la nécessité de le faire, être associé aux choix et participer activement à ce changement. Cette nouvelle posture peut demander aussi de **lâcher prise**, d'accepter de ne pas avoir le contrôle total. Ainsi, en laissant parfois les élèves « patauger », au lieu de se précipiter avec une injonction quelconque, on découvre parfois à quel point ils peuvent nous surprendre.

Pour concourir à cette **nouvelle posture**, il va falloir que l'enseignant joue davantage entre différents actes professionnels.

• **L'explicitation** : l'enseignant joue un rôle fondamental, dans la passation des consignes notamment. Il doit alors être explicite au sens premier du terme : être clair, concis, lever les ambiguïtés et les malentendus possibles.

• **L'observation** : en prenant le temps d'une observation attentive, on est plus à même de comprendre les fonctionnements des élèves et donc de s'adapter à leurs rythmes d'apprentissage différents.

• **Le guidage, l'étayage** : l'idée que les élèves vont « trouver tout seul » est un mythe. Ils ont besoin d'être guidés, d'être parfois aidés pour démarrer, pour comprendre, voir ce qu'ils n'ont pas vu, mettre des mots sur ce qu'ils essaient de comprendre… Le guidage ne consiste pas à souffler la bonne réponse, mais à construire un espace d'apprentissage qui permette à l'élève de parvenir à trouver la solution avec une autonomie maximisée. Il s'agit d'alléger la charge cognitive et donc de diminuer le nombre de décisions à prendre lors de la réalisation d'une tâche.

• **Une posture empathique** : en faisant preuve d'empathie, l'enseignant a un impact direct sur la motivation et les compétences des élèves.

Les postures, manières langagières et cognitives de s'emparer d'une tâche
Dominique Bucheton (vidéo).
https://huit.re/postures

En tant que médiateur de savoirs, l'enseignant va devoir construire des situations d'apprentissages variées, utilisant des outils et supports divers. Par exemple, le travail de groupe ne se décrète pas et n'a pas systématiquement de plus-value. Il ne s'agit pas de faire du travail de groupe pour faire du travail de groupe. Cela doit être appris aux élèves et répondre à un objectif précis. Et il ne s'agit pas « juste » d'une table ronde autour de laquelle sont assis des élèves qui font chacun une tâche individuelle. Le travail en groupe aspire à un travail collaboratif et se nourrit de l'idée que la confrontation des esprits va aider chacun des élèves dans la construction de son apprentissage. Mais le travail de groupe pose des problèmes de gestion de classe et d'organisation qu'il faut résoudre en amont.

E Le rôle des parents

L'enseignant n'est pas seul à œuvrer à la réussite de ses élèves. De nombreuses recherches scientifiques démontrent que l'engagement des parents est étroitement lié aux chances de réussite scolaire de leurs enfants. Une relation de confiance et une compréhension mutuelle entre les parents et l'école constituent un enjeu déterminant.

L'enseignement des mathématiques joue un rôle particulier dans cet engagement, car c'est un enseignement sur lequel les parents portent un regard particulier. Qui n'a pas eu un parent excusant les difficultés de son enfant par une phrase du type « Vous savez, j'étais nul-le en maths aussi… » ?

Il faut changer d'approche. Actuellement, la place des parents n'est pas claire. En général, on fait appel à eux quand on en a besoin (pour accompagner une sortie, financer un projet, encadrer une activité…) ou pour leur demander de faire ce qu'on estime être leur devoir, mais on ne souhaite pas trop les voir à l'école, notamment par peur du jugement. Inversement, il faut reconnaitre que travailler avec les parents n'est pas chose aisée et les enseignants n'y sont pas formés.

Dans un contexte où les milieux familiaux sont plus complexes qu'avant (familles monoparentales, recomposées…), un certain nombre d'éléments peuvent éclairer notre compréhension de cette relation.

• Les familles n'ont pas toutes les mêmes capacités pour aider leurs enfants, ce qui est particulièrement vrai dans les matières fondamentales.

• Les familles estiment leur propre niveau de compétence de façon très variable, pouvant parfois se situer au-dessus de celui du professeur. La critique est facile et à la mode !

• La distance que les familles instaurent avec l'école est liée à leur catégorie socioprofessionnelle. La précarité éloigne de l'école. L'école entretient cette distance par l'usage d'un vocabulaire peu accessible (que l'on retrouve par exemple dans les livrets donnés aux élèves).

• L'image que les familles ont de l'école se construit sur un amalgame entre leur propre vécu d'élèves, leur connaissance du milieu scolaire (premier enfant ou non) et l'image transmise par les médias.

Si un parent manifeste, consciemment ou non, auprès de son enfant qu'il n'a pas confiance en l'enseignant, cela se traduit par un enfant qui n'investit pas totalement les apprentissages. Il faut donc y remédier car ce sont des déclencheurs de malentendus et de quiproquos.

La méthode MHM propose **deux axes pour renforcer le rôle des parents.**

• **Engager un véritable dialogue** de coéducation. Pour cela, lors des rencontres avec les parents, prendre le temps d'aborder la question de l'enseignement des mathématiques, en évitant le vocable jargonnant. Il faut briser les mythes (« J'étais nul, donc il sera nul. », « C'est difficile ! »…) et expliciter le lien entre les mathématiques et la vie de tous les jours. Le projet, appelé « promenade mathématique » (chapitre 8) a été conçu dans cet objectif.

Il faudra aussi leur rappeler la place de chacun, notamment qu'ils ne sont pas là pour « jouer au professeur », qu'ils doivent faire confiance et ne pas proposer d'autres méthodes, car c'est fréquent en mathématiques (et il ne faut pas juste l'imposer, mais leur expliquer le pourquoi !).

• **Leur donner des outils** pour participer à la scolarité des enfants : ne pas en faire de simples exécutants des devoirs, mais leur donner un rôle réel et surtout accessible. Le travail personnel (les devoirs à la maison) fait partie de la méthode[6]. Il faut le présenter aux parents et leur dire clairement ce qu'on attend d'eux. On peut les encourager à jouer avec leur enfant, en mettant en évidence les liens entre les compétences nécessaires au jeu et les apprentissages mathématiques. Cette explicitation est une expertise de l'enseignant qui peut se mettre en place, par exemple, lors d'une demi-journée « jeu de société ».

6. Cf. chapitre 8.

Accompagner son enfant en mathématiques

Votre enfant va apprendre les mathématiques avec une méthode innovante cette année !

Pour aider votre enfant, prenez le temps de faire les devoirs avec lui.Il n'y en aura pas toujours. Ils ne seront pas trop longs. Mais faites-les avec lui, ou demandez-lui qu'il vous raconte comment il a fait. Surtout n'imposez pas « votre » technique ou ce que vous vous avez appris à l'école, faites confiance à l'école et vous verrez que cela fonctionnera très bien !

Plus vous soutenez votre enfant, plus il réussira à l'école et dans sa vie future.

Faire des mathématiques, c'est aussi faire de la cuisine (car dans une recette il faut mesurer des ingrédients), faire des jeux de société (réfléchir, anticiper), construire des choses (avec des jouets, ou n'importe quel matériel...), apprendre à faire la monnaie, etc.

Les mathématiques, ça sert à calculer, à résoudre des problèmes mais surtout cela apprend à réfléchir ! C'est pour cela que c'est important.

Document destiné aux parents.

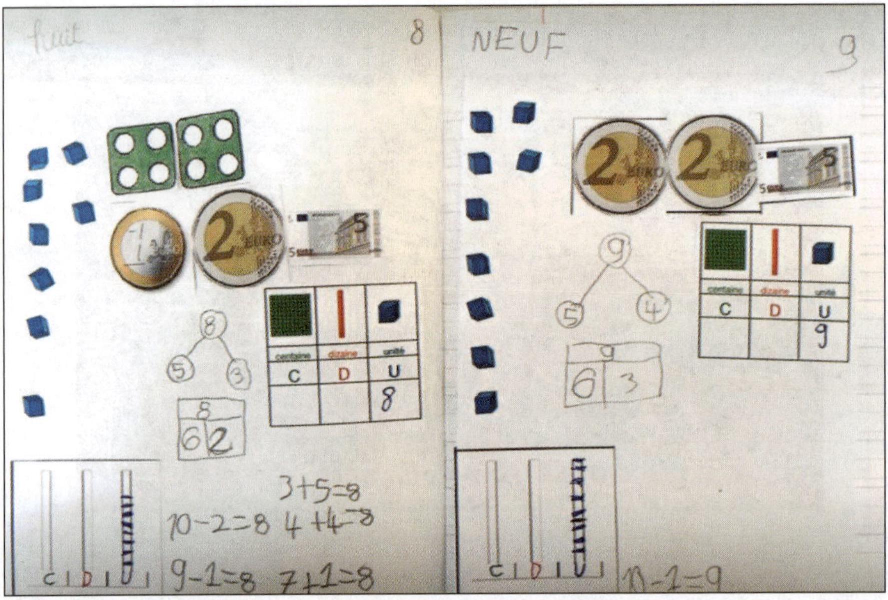

Cahier des nombres fabriqué en début d'année de CP.
Il retournera dans les familles une fois terminé pour être mis en valeur.

CHAPITRE

5

Quels appuis scientifiques ?

L'enseignant doit être convaincu que tous les élèves peuvent accéder aux compétences mathématiques, comme nous venons de le voir à travers le principe d'éducabilité (chapitre 4). Mais pour cela, il doit avoir conscience de son rôle. Toutes les pratiques ne sont pas équivalentes. La méthode MHM est la synthèse de nombreuses études convergentes. Faire la synthèse de recherches dont la liste est monumentale a impliqué de faire des choix. Ces choix ont été affinés et confortés par l'expérimentation en classe.

A La meta-analyse de John Hattie

Il existe de très nombreuses recherches qui ont étudié l'efficacité des pratiques enseignantes, de façon générale ou en lien avec les mathématiques.

Ainsi, le chercheur néozélandais John Hattie a-t-il cherché à répondre à des questions fondamentales autour des effets positifs sur les apprentissages de certaines approches d'enseignement. Il a mesuré les facteurs ayant un impact sur la réussite scolaire.

Il s'est livré pendant quinze années à une synthèse de plus de 50 000 études universitaires, concernant au total plusieurs dizaines de millions d'élèves. Cette étude, connue sous le nom de *Visible Learning*, est une étude quantitative qui ne tient pas compte de certains aspects (sociologiques par exemple),

nit des indicateurs méritant notre attention. Beaucoup de avance ont été confortés par d'autres chercheurs.

herche est encore peu con… en France, où nous avons peut-être tendance à rester dans l'entre soi. Le point saillant de cette étude est le **renforcement du rôle des enseignants et de leurs pratiques**.

> **Classement de Hattie : liste de facteurs pour la réussite scolaire**
>
> John Hattie, *Visible learning*, 2009.
>
> https://huit.re/johnhattie

John Hattie classe ainsi certaines pratiques qui aident et **influencent positivement les apprentissages**, notamment :

– la rétroaction par l'enseignant ;

– la relation de confiance entre les élèves et l'enseignant ;

– l'utilisation d'évaluations formatives ;

– l'autoévaluation des élèves ;

– l'adaptation au rythme d'apprentissage des élèves ;

– la clarté de l'enseignant ;

– l'information des élèves des notions qu'ils sont sur le point d'apprendre (objectifs, compétences à acquérir) ;

– le lien entre les nouveaux concepts et les connaissances antérieures ;

– l'étalement dans le temps des exercices procéduraux.

B Autres recherches

D'autres recherches rejoignent les travaux d'Hattie, notamment dans les pays anglo-saxons. Certaines pratiques y ressortent comme plus efficaces que d'autres :

– formuler les objectifs ;

– relier le travail fait en classe à la vie réelle ;

– questionner pour obliger les élèves à expliciter leur démarche ;
– encourager les élèves à faire des efforts, à s'améliorer.

Des enquêtes plus spécifiques sur l'enseignement des mathématiques au primaire ont mis à jour notamment les stratégies d'intervention les plus efficaces et ont mis en évidence plusieurs moyens qui ont fait leurs preuves.

• **La variété des approches** : il est nécessaire d'utiliser diverses approches mathématiques, d'expliciter les méthodes, les raisonnements. Le langage doit être clair, il faut éviter tout malentendu.

• **L'apprentissage coopératif** : chaque élève a un rôle dans l'accomplissement de la tâche, ce qui crée de l'interaction entre les élèves, les obligeant à verbaliser, formuler leurs idées et demande un rôle actif de l'enseignant pour éviter de tomber dans les travers du travail à plusieurs (élèves leaders, élèves passifs).

• **L'instruction directe** qui désigne l'enseignement explicite au sens canadien du terme (voir les travaux de Steve Bissonnette[1]).

• **La formation des enseignants en mathématiques** (didactique et pédagogie).

• **Les stratégies métacognitives** : apprendre aux élèves à s'interroger eux-mêmes, à chercher des similarités et des différences avec d'autres problèmes abordés précédemment, à s'approprier les démarches de résolution.

Enseigner plus explicitement
Dossier ressource de l'Ifé.
https://huit.re/dossier_explicite

• **La verbalisation du raisonnement** qui a un impact positif sur les résultats des élèves.

Ces stratégies font partie de la méthode MHM et lui confèrent une certaine efficacité.

1. Voir le dossier : https://huit.re/enseignement-explicite.

…s apports des neurosciences

Les neurosciences sont de plus en plus présentes dans notre paysage éducatif, avec du retard par rapport aux pays anglo-saxons. Le ministère y fait référence plus fréquemment, notamment dans le cadre du nouveau conseil supérieur de l'éducation.

Les enseignants doivent avoir des connaissances dans ce domaine et sur le fonctionnement du cerveau pour enseigner. Il y a plusieurs concepts fondamentaux à comprendre.

→ **La neuroplasticité** : le cerveau est malléable et de nouvelles connexions entre les neurones peuvent se créer tout au long de la vie.

→ **Le recyclage neuronal** : le cerveau modifie une région cérébrale pour acquérir de nouvelles compétences.

→ **L'inhibition cérébrale** : le cerveau a la capacité de contrôler un comportement spontané (stratégie, intuition). Ainsi, si le mot « rouge » est écrit en bleu, il faudra faire un effort pour ne pas confondre ce qui est écrit et la couleur avec laquelle il est écrit.

Stanislas Dehaene, chercheur en neurosciences, a identifié quatre facteurs pour réussir les apprentissages.

1. L'attention. Elle sert à filtrer et sélectionner les informations. Il s'agit d'indiquer à l'élève à quoi il doit être attentif. Orienter l'attention, et c'est là tout le rôle de l'enseignant, est fondamental. On retrouve ici l'une des limites des manuels et des fichiers où l'excès d'informations (illustrations, couleurs, personnages) distrait l'élève. Une fois l'attention bien orientée, l'élève doit inhiber parfois certains comportements indésirables, par exemple la tentation en résolution de problèmes de prendre « juste » les deux nombres de l'énoncé et de les ajouter ou de les soustraire.

2. L'engagement actif. On n'apprend guère en étant passif. C'est toute la difficulté de l'enseignement : proposer une activité ni trop facile ni trop difficile. Le curseur doit être bien positionné pour favoriser un engagement actif.

3. Le retour d'informations. L'activité et l'engagement ne suffisent pas. Pour un réel apprentissage, le cerveau a besoin de rétroactions. Cette rétroaction sera aussi bien une validation, un retour sur la procédure qu'un renforcement (encouragement, approbation).

4. La consolidation des acquis. Pour intégrer les connaissances, il faut distribuer les apprentissages dans le temps (et non pas les masser sur une courte période et ne pas y revenir pendant des mois) et s'appuyer sur un environnement favorable : alimentation saine, activité physique régulière et sommeil. Cela renvoie à la place de l'automatisation dans les apprentissages : automatiser permet de libérer de l'espace cognitif.

Les recherches en neurosciences ont déconstruit de nombreuses idées reçues, partagées par les enseignants, parfois relayées en formation, et qui semblent relever d'un quasi bon sens. On appelle ces fausses idées des **neuromythes**. En voici quelques-uns.

• *Les styles d'apprentissages* : l'idée que certains élèves seraient visuels, auditifs ou kinesthésiques est fausse. Toutefois, on sait qu'il est pertinent d'inciter les apprenants à combiner plusieurs stratégies pour apprendre.

• *On utilise seulement 10 % de notre cerveau* : cette vieille croyance est relayée dans la presse et les médias. Or, nous utilisons pleinement les capacités de notre cerveau.

• *Les premières années sont critiques* : c'est faux, la plasticité cérébrale est vraie à tout âge.

• Ou encore : *la différence cerveau gauche/cerveau droit, les femmes multitâches, les hommes plus doués en mathématiques*, etc.

Méfiez-vous des neuromythes !
Article du site neurosup.fr.
https://huit.re/article_neuromythes

Quel intérêt pour la classe ?

Les neurosciences ne doivent pas donner lieu à des prescriptions directes et on ne passe pas immédiatement de la recherche théorique à la mise en œuvre en classe. Certains rejettent les neurosciences à ce titre, mais elles nous donnent pourtant des informations importantes qui méritent qu'on s'y attarde.

Conjuguées à la psychologie cognitive et aux sciences de l'éducation, les neurosciences constituent la **neuropédagogie**, dont le rôle est de proposer des pistes aux problématiques rencontrées plutôt que des prescriptions. Il est de notre responsabilité de faire bon usage des différents apports de la recherche pour les convertir en actes pédagogiques concrets.

Certaines connaissances seront utiles en classe dans tous les enseignements, notamment en mathématiques. Ainsi, les neurosciences ont confirmé l'idée que le cerveau retient plus d'informations si on les catégorise. Le fonctionnement du cerveau est essentiellement associatif, d'où la nécessité de faire du lien en classe entre les différents apprentissages que l'on enseigne. Si l'enseignant crée un lien entre ce que l'élève a comme image du savoir et le savoir mathématique, pose du concret sur l'abstrait, le cerveau mémorisera mieux, car lorsqu'il devra faire appel à ce savoir pour restituer l'information, l'élève fera appel à cette image, puis à la notion.

Les neurosciences ont aussi démontré que les élèves ont des connaissances mathématiques intuitives dès leur plus jeune âge. L'enseignement dispensé doit se servir de ces intuitions. Intuitivement, un élève de maternelle va pouvoir comparer trois jetons à un paquet de dix jetons, mais pas forcément un paquet de trois jetons avec un paquet de cinq jetons.

Trois autres points sont aussi directement utilisés dans la méthode MHM.

• **Le rythme des apprentissages**, en lien avec les connaissances des sciences cognitives sur la mémoire : en effet, il est prouvé qu'il est préférable d'éviter de masser les enseignements et, pour

Mieux connaitre le cerveau peut-il vraiment nous aider à mieux enseigner ?
Steve Masson, conférence (vidéo), 2014.
https://huit.re/conference_masson

favoriser la neuroplasticité, de faire en sorte que des périodes de sommeil séparent les différentes phases d'un travail sur une même notion.

• **La motivation des élèves** : l'enseignant doit éveiller la curiosité, motiver les élèves en proposant des situations concrètes.

• **L'environnement de classe** : il doit être enrichissant. C'est un point fondamental : l'élève doit jouer avec des objets mathématiques et faire le lien avec son environnement en dehors de la classe.

Ces connaissances et résultats issus des neurosciences sont indispensables pour un enseignant afin de mieux comprendre comment fonctionnent le cerveau, la mémorisation et les stratégies qui impactent les apprentissages.

D Les recommandations du CNESCO

En novembre 2015, le CNESCO (Conseil national d'évaluation du système scolaire), en partenariat avec l'IFÉ/ENS (Institut Français de l'Éducation/École Normale Supérieure) de Lyon, a réuni une conférence de consensus sur le thème « Nombres et opérations : premiers apprentissages à l'école primaire ». En se fondant sur les résultats de la recherche et les pratiques du terrain, le jury de cette conférence a émis différentes recommandations.

Celles-ci ont été réunies sous 5 axes :

1	2	3	4	5
Faire évoluer les pratiques quotidiennes des enseignants	Partager avec les parents des occasions d'apprentissage	Offrir des ressources de qualité, facilement accessibles et adaptatives	Adapter la formation initiale des enseignants et les accompagner	Intégrer les résultats de la recherche et évaluer leur mise en œuvre

On retiendra particulièrement les points suivants :

– **développer la manipulation d'objets** tout au long du primaire, et pas seulement en maternelle ;

– **s'appuyer sur l'oral** avant de passer à des écritures symboliques ;

– **ne pas attendre la maitrise parfaite** d'une notion pour en aborder une nouvelle avec les élèves ;

– insister davantage sur **l'apprentissage des tables** (addition et multiplication) ;

– **privilégier le calcul mental** par rapport au calcul posé (à l'écrit) ;

– faire dire à l'élève **comment il a procédé** pour arriver à son résultat ;

– **associer l'apprentissage** des techniques opératoires à la compréhension des nombres ;

– **rendre les mathématiques ludiques**, vivantes et attractives (pour les élèves et l'enseignant !) ;

– **revoir la pédagogie** de l'enseignement des mathématiques.

E Le rapport Villani-Torossian

Ce rapport sur l'enseignement des mathématiques a été commandé à Cédric Villani, député et mathématicien renommé (médaille Fields), et à Charles Torossian, IGEN. Remis le 12 février 2018, il présente 21 mesures que je partage globalement.

21 mesures pour l'enseignement des mathématiques

Rapport de Cédric Villani, 2018.

https://huit.re/rapportvillani

Bien que critiqué par Rémi Brissiaud (voir son article sur le Café Pédagogique[2]), ce rapport mérite d'être lu, car il a fait de l'enseignement des mathématiques une question d'actualité, les recommandations proposées vont dans le bon sens et sont pertinentes.

2. Cf. https://huit.re/Brissiaud-Villani.

Fleur numérique : les différentes représentations du nombre en CP.

Fabrication de solides en CM à partir de pâte à modeler et de spaghettis.

CHAPITRE

6

Qu'est-ce que la MHM ?

« Aucune approche ne peut à elle seule garantir le succès des élèves. Un enseignement qui propose un équilibre entre diverses approches, stratégies d'enseignement et modalités d'organisation du travail doit être offert. » (UNESCO, 2000)

A Pourquoi est-ce une méthode ?

Désigner cette proposition pédagogique par le mot « méthode » peut paraitre abusif ou pompeux. Loin de moi l'idée de vendre une méthode miracle ou « la » solution aux problèmes rencontrés. J'emploie le vocable comme d'autres l'emploient concernant les méthodes de lecture. Ainsi, MHM est une méthode d'enseignement dans le sens où elle propose une organisation de l'enseignement des mathématiques. Elle s'inscrit dans un ensemble de principes fondamentaux : un socle de valeurs (éducabilité, bienveillance…), des fondements scientifiques et une pédagogie construite sur la recherche.

Elle fait la synthèse de diverses stratégies d'enseignements pour que les élèves découvrent et s'approprient le savoir. C'est de là qu'elle tient son adjectif « heuristique », mot polysémique signifiant que **cette méthode consiste à faire découvrir à l'élève ce qu'on veut lui enseigner**.

L'ensemble s'inscrit dans une cohérence qui lui donne tout son sens. La méthode s'inscrit dans la durée, elle est pensée sur la globalité des cycles scolaires. Les descriptions des séances, les activités proposées, les jeux, les outils… pourraient être remplacés par d'autres, mais la méthode resterait la même, si tant est que ces remplacements s'inscrivent dans les grands principes et invariants proposés.

En revanche, n'en prendre que des extraits et les combiner à diverses autres pratiques risquerait de dénaturer la méthode et de faire oublier les appuis scientifiques qui la caractérisent.

B L'histoire de la méthode

La méthode est née à la rentrée scolaire 2014, suite à ma rencontre avec trois professeurs des écoles (Clotilde, Fabienne et Ludivine) qui avaient souhaité un accompagnement pour faire évoluer leur enseignement des mathématiques. L'idée m'est rapidement venue de créer une méthode d'enseignement pour les CP, méthode qu'elles testeraient en classe avec leurs élèves. Cette expérimentation s'est appuyée sur un accompagnement pédagogique : réunions de suivi régulières, visites en classe, observations croisées, suivi par mail. L'expérience a été concluante.

• En 2015-2016, 22 classes ont testé la méthode en CP, CP/CE1, CE1 et CE1/CE2. L'accent a été mis sur la mise en œuvre du cours double et sur la cohérence sur l'ensemble des trois années du cycle 2.

• En 2016-2017, 96 classes ont testé la méthode MHM. L'échantillon s'est élargi :

– sur les différents niveaux : du CP au CM2 ;

– sur les différentes organisations : cours simple, cours double, cours triple ;

– sur la variété des publics : milieux rural, urbain, REP ou REP + ;

– sur la localisation géographique : académies de Dijon, Marseille, Rouen, Tours et Versailles ;

– sur la variété des enseignants : expérimentés, nouveaux enseignants, décharges, PEMF, directeurs, etc.

• En 2017-2018, 73 enseignants ont testé pour la deuxième année les contenus prévus pour les CM1 et CM2, avec toujours une variété importante de l'échantillon. De nombreuses classes comptent deux enseignants (temps partiels, direction d'école, PEMF...). À la fin de chaque module, ils m'ont envoyé un retour sur la durée des séances, les activités proposées, etc.

L'intérêt est multiple : échange des pratiques, retours des enseignants, évolution de la méthode, tests des jeux ou activités d'apprentissage. C'est ainsi que la méthode s'est affinée et enrichie de cette intelligence collective.

C L'évaluation de la méthode

Cette méthode ne prétend pas être « la » méthode. Elle résulte d'un travail personnel artisanal, au sens où elle s'est construite pierre après pierre. Elle n'est pas exempte d'erreurs, mais se veut aussi scientifique que possible. Son efficacité a été évaluée de plusieurs façons, non par de vrais chercheurs, mais sous la forme d'évaluations des élèves à différents moments de l'année ou sous la forme d'un questionnaire pour les enseignants en fin d'année.

L'évaluation des élèves

La méthode a ainsi été évaluée au mois de mars pour les CP (cours simples ou multiples). L'outil utilisé a été une évaluation de circonscription mise en place depuis plusieurs années. Toutes les classes de CP testant la méthode ont passé l'évaluation. La même évaluation a été passée auprès d'élèves « hors méthode MHM ».

Le brassage des élèves (catégories socioprofessionnelles, milieux urbain, rural, REP ou non, etc.) est sensiblement le même entre le groupe « méthode » et le groupe « hors méthode ».

Les résultats de 46 classes ayant testé la méthode sont comparés à un échantillon hors méthode de 29 classes en mars 2017.

	Méthode (778 élèves)	Hors méthode (555 élèves)	Écart
Numération	84,6 %	75,3 %	+ 9,3 %
Calculs	79,8 %	73, 9 %	+ 5,9 %
Géométrie et mesures	77,7 %	74,3 %	+ 3,4 %
Résolution de problèmes	67,5 %	60,4 %	+ 7,1 %

En moyenne, les résultats sont **significativement supérieurs** pour les utilisateurs de la méthode MHM, avec presque 10 points d'écart sur la numération.

Le taux d'élèves en difficulté est de 16,6 % avec la méthode contre 18,9 % hors méthode. Ce taux d'élèves correspond à des élèves ayant au moins quatre sous-champs de l'évaluation (sur les huit existants) en dessous de 50 % de réussite. Une analyse plus fine a pu démontrer qu'il s'agissait d'élèves en grande difficulté scolaire de façon globale, et pour certains en situation de handicap. En outre, ce taux n'augmente pas dans l'année, voire diminue.

D'autres évaluations ont été passées au cours des trois années d'expérimentation. Elles ont servi notamment à faire évoluer la méthode. Par exemple, les élèves de CE1 ont passé en mars 2016 les « anciennes » évaluations nationales de 2010. Ils les ont passées en avance (elles avaient lieu en mai auparavant), car il s'était avéré nécessaire de faire le point et de rassurer les collègues sur l'avancée de la méthode. En grandeurs et mesures, le résultat est correct alors que certaines compétences n'avaient pas encore été abordées en classe.

Une fois de plus, les résultats plaident en faveur de la méthode MHM (supérieurs de 4,5 % à 10,9 %). Il faut évidemment relativiser, car l'échantillon testé reste faible. Cela m'a néanmoins conforté dans mes choix pédagogiques et didactiques.

	Méthode (75 élèves)	Hors méthode (23 000 élèves)	Écart
Numération	78,8 %	67,9 %	+ 10,9 %
Calculs	66,1 %	56,8 %	+ 9,3 %
Géométrie	65,7 %	59,8 %	+ 5,9 %
Grandeurs et mesures	54,7 %	50,2 %	+ 4,5 %
Résolution de problèmes	65,9 %	59,2 %	+ 6,7 %

Pour les classes de cycle 3

En 2017-2018, la méthode a été testée dans des classes de CM. Une évaluation a été proposée en décembre et une autre en avril. Faute de comparaison avec un échantillon « hors méthode » comparable, il est difficile d'afficher des données scientifiquement probantes. Ces évaluations avaient aussi pour objectif d'ajuster les contenus, la difficulté étant que les élèves arrivent avec un « passé mathématique » très variable en CM.

Néanmoins, des retours quantitatifs et qualitatifs des enseignants testeurs, il ressort plusieurs points importants :

– la méthode est efficace sur la compréhension du nombre (fonctionnement du système décimal, sens des fractions et des nombres décimaux) ; les élèves montrent une compétence stable : quand ils ont compris, ils ont compris ! ;

– l'impact des différents types de handicap (élèves reconnus MDPH, élèves -dys, élèves non-lecteurs…) est important en mathématiques, mais les élèves progressent avec la méthode au lieu de s'enliser dans leurs lacunes ;

– le rapport aux mathématiques évolue très positivement dès les premières semaines : les élèves déclarent massivement aimer faire des mathématiques, réclament cette séance et s'investissent.

L'évaluation par les enseignants

Les enseignants ont été soumis à un questionnaire en ligne à la fin du mois de mai 2017. Ce questionnaire leur demandait leur avis sur différents aspects de la méthode. Pour la plupart des questions, les enseignants se positionnaient selon une échelle de Likert, c'est-à-dire une échelle de jugement sur cinq points allant de « *pas du tout d'accord* » à « *tout à fait d'accord* ». Cela leur a permis de donner un avis nuancé aussi objectif que possible sur différents aspects de la méthode. C'est aussi ce qui a piloté les dernières évolutions de la méthode.

Retour de l'évaluation par les enseignants en 2016-2017

***1.** Par rapport à votre enseignement des mathématiques avant la méthode diriez-vous que la méthode heuristique…*

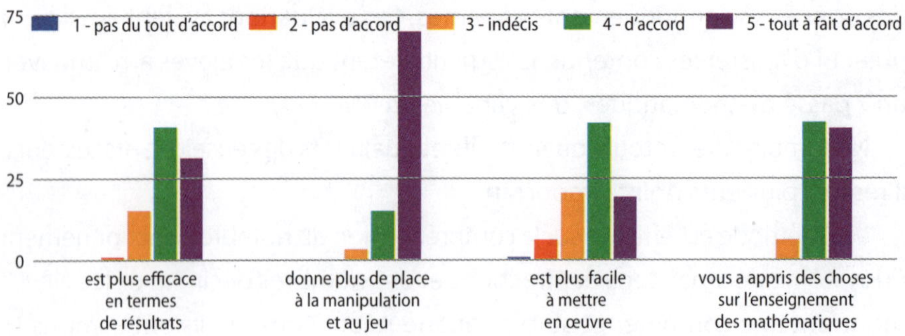

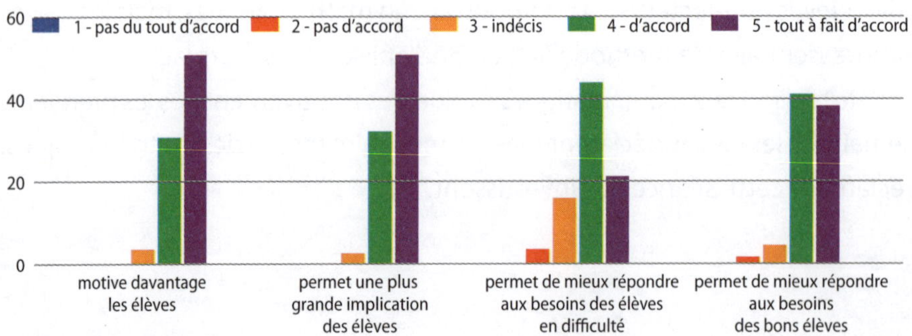

Ces retours sont intéressants. Ils démontrent notamment que la méthode, par son mode de fonctionnement, a aussi été un objet de formation pour ces enseignants. Il faut mettre ces retours en corrélation avec leurs pratiques d'enseignement antérieures :

– 39,8 % créaient leurs séances en totalité ou en piochant sur Internet et dans différents ouvrages ;

– 60,2 % travaillaient sur des fichiers, notamment *Cap maths* (12,5 %), *Pour comprendre les maths* (12,5 %) et *J'apprends les maths* (8 %).

98,9 % des enseignants testeurs ont validé la méthode et l'ont prolongée l'année suivante.

Depuis septembre 2017, la méthode est en accès libre. De nombreux utilisateurs se sont exprimés, sur Twitter notamment, pour donner leur avis sur la méthode MHM. En voilà quelques-uns :

> **Nicolas Lmsn** @NicoLimOff · 11 s
> En réponse à @Nicolaspinel76
> «Monsieur, on fait maths hein aujourd'hui ?!» Bon, quand tu entends ça tu te dis que quelque part ça fonctionne !

> **Ki est elle** @Ki_est_elle · 3 min
> En réponse à @Nicolaspinel76
> Les situations sont variées et riches, ce qui motive énormément les enfants, avec une part importante donnée au jeu.
> La progression spiralaire est rassurante sur le plan pédagogique (on y reviendra plus tard) et évite la monotonie pour les élèves.

> **romy** @Romypartage · 8 h
> En réponse à @Nicolaspinel76
> La méthodologie me convient parfaitement car elle est très en harmonie avec la coopération, les jeux, les rituels que je pratiquais avant? C'est chouette d'avoir tout rassemblé en un fonctionnement. :)

Katia Beaujon @kbeaujon · 7 h
En réponse à @Nicolaspinel76
Des élèves actifs et enthousiastes! Enfin des maths où l'on prend son temps, on joue, on manipule pour de vrai avec des activités qui suscitent des échanges entre élèves.

Liliane Piacenza @LilianePiacenza · 15 s
En réponse à @Nicolaspinel76
Et enfin une méthode qui gère le DOUBLE niveau !!!

Efficacité de la méthode

Comme tout manuel, ou tout outil, **tout dépend de ce qu'on fait de la méthode**. L'appropriation et la compréhension ne sont pas automatiques. Les enseignants les plus efficaces sont ceux qui ont des connaissances didactiques suffisantes, qui engagent leurs élèves le plus longtemps dans le travail (dans une vraie activité cognitive), qui gèrent leur classe dans un climat bienveillant… Autant de critères que la méthode essaie de favoriser par son fonctionnement.

L'un des points importants de MHM est aussi de développer le sentiment d'auto-efficacité chez les élèves. Leur donner la perception qu'ils ont la capacité à réussir est fondamental ! Développer le sentiment d'auto-efficacité passe par un encouragement de l'enseignant sur chaque réussite.

Monsieur bonjour,
J'utilise la méthode cette année dans ma classe de CP et j'ai embarqué 3 de mes collègues de cycle 2 dans l'aventure. Quand elles entendent nos discussions le midi, et entendent notre enthousiasme sur le plaisir d'enseigner et d'apprendre les maths avec cette démarche, elles sont impatientes de se lancer dans l'aventure aussi à la prochaine rentrée. Moi qui n'ai jamais été une matheuse, j'aborde cette discipline totalement différemment et l'impact sur la façon de travailler dépasse largement la seule didactique des maths.

Commentaire posté par une enseignante.

D Les principes de la méthode

Les fondements scientifiques et pédagogiques qui ont guidé la conception de la méthode convergent vers plusieurs points forts :

– la construction d'un enseignement des mathématiques fondé sur la **recherche du sens** ;

– la **mise en activité intellectuelle** des élèves ;

– le **lien avec les autres disciplines et la vie** de tous les jours : des mathématiques qu'on utilise et pas seulement des mathématiques qu'on étudie pour elles-mêmes ;

– le **rôle pédagogique de l'enseignant** réaffirmé autour d'un enseignement explicite.

Ainsi, cinq principes majeurs constituent son architecture : offrir une culture mathématique positive, offrir un environnement adapté, répondre aux besoins des élèves, manipuler pour conceptualiser et connecter les mathématiques au monde.

1. Offrir une culture mathématique positive

La culture mathématique de la classe (de l'école) doit se construire en permettant aux élèves de prendre conscience des mathématiques dans leur environnement. Cette culture permettra de donner du sens aux apprentissages et de repenser le lien à la discipline avec les élèves, mais aussi avec leur famille. Il s'agit de changer le rapport aux mathématiques, ce qui est particulièrement important pour les publics défavorisés.

L'enseignant doit redonner une dimension attrayante et positive de cette discipline.

Les modalités pédagogiques utilisées dans la méthode permettent d'avoir des élèves heureux de faire des maths et donc plus investis. Ils font preuve d'une motivation intrinsèque affirmée.

2. Offrir un environnement adapté

L'environnement d'apprentissage sera stimulant et permettra à l'élève de s'exprimer sans crainte. Cet environnement ne doit pas entraver le développement de l'élève. La classe et son fonctionnement sont parfois vécus comme un carcan par les élèves. Il faut faire confiance aux élèves, à leur capacité à apprendre et proposer un milieu entretenant cette appétence au départ naturelle. La classe doit donner envie de venir, d'apprendre.

On devra penser l'aménagement de la classe au mieux en fonction des contraintes, mais, *a minima*, il faudra que les élèves puissent travailler en individuel, en binôme ou en plus grands groupes. Il sera aussi nécessaire d'aménager un espace d'affichage suffisant et clairement dédié aux mathématiques.

Enfin, un coin, une étagère, un meuble seront attribués au rangement des ressources de mathématiques (matériel de manipulation, outils) et devra être identifié comme tel. On pourra éventuellement lui attribuer un nom pour renforcer la symbolique, tel que « le coin maths ». Ce matériel et ces outils sont accessibles librement aux élèves qui peuvent s'en emparer selon l'activité et leurs besoins.

3. Répondre aux besoins des élèves

L'enseignement des mathématiques doit être construit et pensé pour répondre aux compétences et aux besoins des élèves et respecter leur rythme naturel.

Les élèves ont des entrées différentes dans les apprentissages. Il faudra donc leur donner des moyens variés (outils, matériel de manipulation, modalités d'apprentissage) pour leur permettre d'accéder à la compréhension des concepts les plus difficiles, mais aussi le temps de la réflexion et de la maturation.

Il faut développer la confiance en soi des élèves. Les séances proposées doivent mettre en adéquation autonomie, nécessaire exigence (difficulté des séances) et apprentissage pour mettre l'élève en réussite. La réussite est le moteur de la motivation.

La participation de tous doit être active et valorisée. L'utilisation importante de l'oral permet de redonner à l'erreur une place centrale dans l'enseignement.

4. Manipuler pour conceptualiser

La manipulation est une étape nécessaire pour accéder au symbolique et pour comprendre les concepts. Mais cela ne sera efficace qu'à condition que l'élève ait l'occasion de mettre en mots sa recherche, son activité intellectuelle.

Le matériel proposé est donc choisi avec soin et suffisamment diversifié pour offrir différentes entrées. Si un élève n'accède pas au symbolisme avec un support donné, il y parviendra peut-être plus facilement avec un autre. Le « calepin des nombres », un outil proposé dans la méthode, s'est montré particulièrement efficace à cet égard pour certains élèves dans la construction du nombre.

Le calepin des nombres.

Tous les outils existants ne sont pas proposés, mais vous pouvez les inclure et les utiliser au besoin (le boulier par exemple).

5. Connecter les mathématiques au monde

L'idée est de connecter, de multiples façons, les apprentissages faits par les élèves et surtout de rendre explicites ces connexions.

Cela pourra se faire via les situations rencontrées, notamment en résolution de problèmes, mais aussi à d'autres moments : on ne va pas mesurer uniquement des segments, mais aussi la largeur d'une porte, la longueur d'un couloir… et en CM calculer la quantité de peinture nécessaire pour repeindre un mur.

On travaillera également, une fois par an de façon systématique, le lien entre arts et géométrie.

La proposition d'une promenade mathématique dans l'année sera aussi l'occasion pour les élèves de prendre conscience que notre monde est mathématique. Cette expérience a été très efficace lors des expérimentations en classe et le regard des élèves sur les mathématiques a évolué.

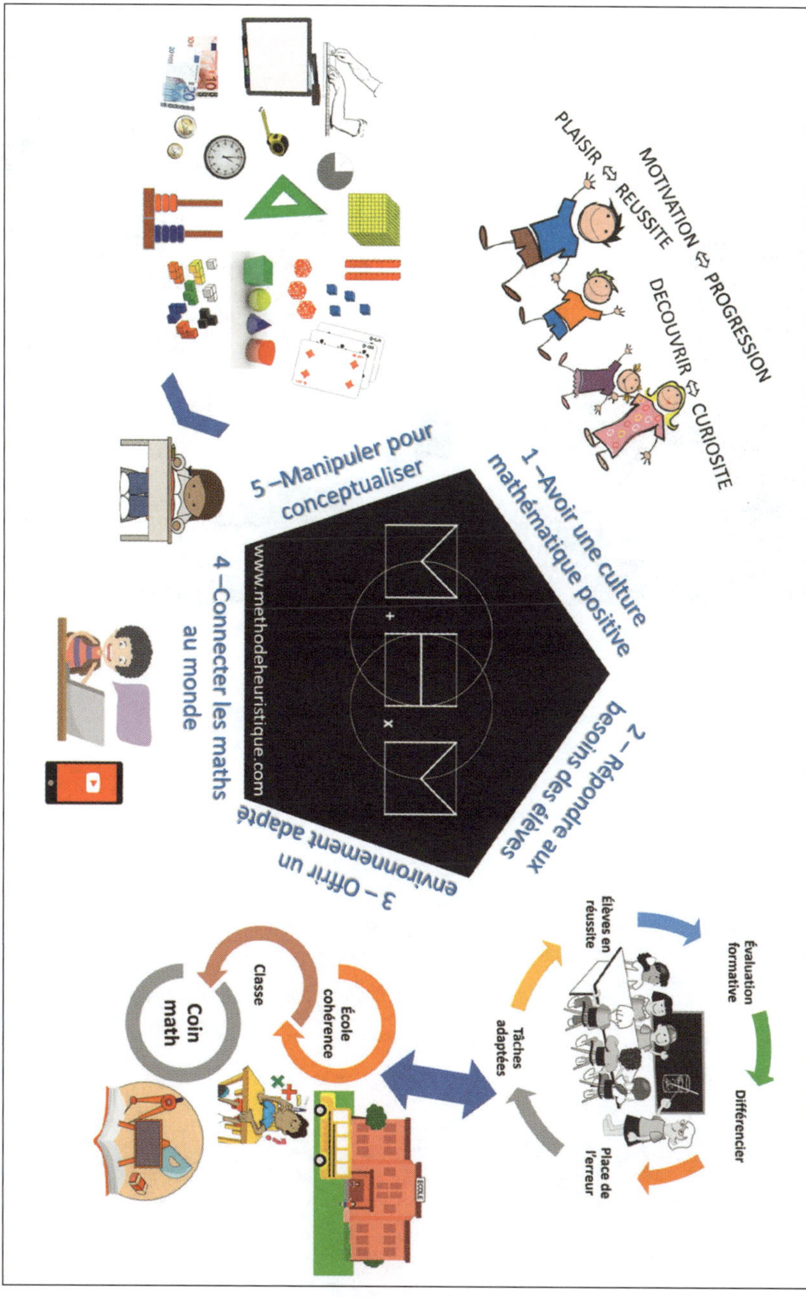

Les principes de la méthode.

L'utilisation du tangram en classe.

CHAPITRE

7

Points pédagogiques et didactiques

A Le rôle de l'enseignant

L'enseignant est incontestablement un facteur d'influence sur l'apprentissage des élèves. La même méthode, les mêmes outils donnés à des enseignants différents ne mèneront pas au même résultat. La qualité des **interactions enseignant-élève** est primordiale.

La méthode MHM permet d'enseigner avec sa propre posture et ses propres gestes professionnels. Elle ne s'inscrit pas dans l'opposition pédagogie traditionnelle/pédagogies progressistes qui est dépassée. Elle permet à l'enseignant de faire preuve de souplesse, mais, par son approche et les principes qui la sous-tendent, elle provoquera un changement de posture et des pratiques professionnelles de l'enseignant.

Au cours des séances de mathématiques, l'enseignant pourra adopter différentes attitudes.

• **Médiateur d'apprentissage** : en posant les « bonnes » questions au cours du travail, en offrant la juste rétroaction, il permettra aux élèves d'accéder aux concepts sous-jacents. L'explicitation d'un nouveau savoir, d'une procédure relève aussi de cette attitude. Mettre les bons mots, imager un concept sont des gestes qui permettront à l'élève de comprendre les notions.

• **Accompagnateur** : en observant les élèves, en écoutant l'exposé de leurs procédures, il pourra accompagner les apprentissages, éviter au plus tôt les approches erronées et y remédier. Il permettra aussi à la parole d'être libre, à l'erreur d'être réellement source d'apprentissage.

• **Évaluateur** : de la réussite des élèves et de sa propre pratique, pour améliorer les contenus et remédier dans les séances suivantes. Cela signifie aussi encourager, expliciter à l'élève pourquoi ou comment il peut faire, souligner ses réussites…

• **Motivateur** : en forçant parfois le trait, en jouant sur la mise en scène, en faisant preuve d'enthousiasme, en créant un milieu favorable, l'enseignant permettra à l'élève de s'inscrire dans une dynamique positive, source de motivation intrinsèque. Il s'agit de faire émerger le désir d'en savoir plus.

B Une pédagogie explicite

Je propose d'utiliser une pédagogie explicite dans la méthode MHM. Celle-ci a plusieurs sens selon les chercheurs, entre la version québécoise (dite *direct instruction*) et son acceptation à la française (voir les travaux de l'IFé[1]). Sans rentrer dans ce débat de chercheurs, la tendance dichotomique explicite/ constructiviste semble contre-productive. La démarche MHM s'inscrit dans les recherches internationales sur l'enseignement (Hattie et autres) et dans une pédagogie explicite qui vise l'efficacité, plus proche de l'acceptation française que québécoise.

Dans la méthode, il est ainsi demandé aux enseignants d'être particulièrement attentifs aux points ci-dessous.

• **Annoncer ce qu'on va faire** : ainsi, au début des temps d'apprentissage, il faut présenter l'objectif d'apprentissage aux élèves. « Nous allons apprendre à tracer des angles droits » ou « Nous allons apprendre à calculer en ligne des opérations avec des nombres inférieurs à 100 ». Dans la formulation, le « nous » est important : il montre que le travail est commun entre l'enseignant

1. Cf. https://huit.re/enseignement-explicite.

et les élèves ; tout le monde est impliqué. C'est à ce moment que l'on peut proposer des liens avec les différents contextes déjà rencontrés (situations antérieures, vie quotidienne, travail lié en arts...).

• **Expliquer pourquoi on fait les choses** : les finalités de la tâche. « Nous allons apprendre à tracer des angles droits, car ce sera utile pour tracer des carrés » ou « Nous allons apprendre à calculer en ligne, car cela sera plus rapide que de poser l'opération ».

• **Expliquer comment on fait les choses** : explicitation des procédures, des stratégies, des connaissances utiles. Cela signifie dire clairement, en imageant au besoin, le savoir ou la procédure. L'enseignant raisonne à voix haute. On présente le cas simple, standard, et on garde les cas particuliers, plus complexes, pour plus tard. On vérifie la compréhension de tous (questions/réponses à l'ardoise par exemple), on donne des exemples et contre-exemples, on échange avec la classe...

• **Faire expliquer par l'élève comment il a fait** : par exemple en demandant « Comment fais-tu ? » ou « Je n'ai pas le même résultat que toi, explique-moi comment tu as trouvé le tien ? »

Ces étapes sont importantes dans la conscientisation du processus intellectuel. Elles permettent à l'élève de catégoriser ses apprentissages, de mieux les inscrire en mémoire et d'avoir une réelle activité intellectuelle.

Les temps d'explicitation font partie de la pratique quotidienne de classe aux différents moments des apprentissages. Ils se font au début, pendant (pour comparer des procédures en calcul mental par exemple) et en fin de séance pour institutionnaliser le savoir.

Expliciter n'est pas facile. Il s'agit d'aider l'élève à comprendre la tâche, la procédure, parfois à s'en distancier. L'explicitation peut se faire par la parole de l'enseignant, par la médiation d'un outil/matériel, mais aussi en provoquant des interactions entre les élèves (travail collaboratif), en construisant collectivement la synthèse du savoir.

La rétroaction

L'un des enjeux de cette pédagogie explicite se situe dans les rétroactions que l'enseignant doit employer. La rétroaction (ou *feedback*) est une information que l'enseignant donne à l'élève après avoir observé comment il a réalisé une tâche donnée. Il peut s'agir d'indiquer s'il a donné la bonne réponse ou non (comme la méthode le préconise dans les activités orales) ou de conseiller à l'élève une stratégie (comme en calcul mental, en faisant un lien ou un rappel sur un travail antérieur). L'objectif est de permettre à l'élève de s'améliorer. La rétroaction doit être :

– claire et précise, de préférence personnalisée ;

– faite le plus tôt possible : dans l'idéal elle doit être immédiate quand l'élève est en activité, sinon il peut prendre de mauvaises habitudes ;

– liée à l'objectif, que l'on rappelle si besoin car il est indispensable que l'élève le connaisse.

Ce geste professionnel n'est pas aussi simple qu'il peut en avoir l'air. L'effet peut être négatif si on essaie d'imposer « la bonne réponse » au lieu de conseiller ou si l'élève a l'impression « qu'on est sur son dos ». Il faut faire attention à ne pas être dans une rétroaction normative, mal vécue par les élèves en difficulté (« Tu as raté l'exercice »), mais plutôt de s'inscrire dans une rétroaction informative : « Tu as fait moins d'erreurs qu'hier, il faudra encore travailler sur ce point ».

La rétroaction consiste ainsi à aider l'élève à s'améliorer, à réduire la distance qui l'éloigne de l'objectif fixé. Elle ne comporte pas de jugement, doit être factuelle et permettre à l'élève de comprendre qu'on a confiance en sa capacité à réussir.

Par exemple, en calcul mental, dire « Tu as eu 6 calculs de juste sur 10 » n'est pas suffisant ; il faudrait ajouter : « Tu as besoin de t'entrainer à ajouter une dizaine à un nombre. Tu pourrais t'aider pour cela de l'abaque ».

La métacognition

La réflexion qu'on demande à l'élève s'inscrit dans un processus de métacognition. La métacognition est la représentation que l'élève a de ses connaissances et l'analyse qu'il en fait. C'est sa capacité à comprendre ses actions et ses raisonnements. Toutefois, il faut se méfier des limites de la métacognition. Certains élèves sont en difficulté pour expliquer leur stratégie et cela pourrait les mettre encore plus en difficulté. Le risque est également de vouloir aller trop vite et de penser à la place de l'élève. Tant que l'élève n'aura pas compris une procédure, on ne peut attendre de lui qu'il la transfère. C'est pourquoi, dans les activités orales, nous conseillons de ne pas chercher à toujours insister, mais de « passer », la programmation des activités permettant d'autres occasions de s'y confronter.

C La programmation des apprentissages

La programmation des apprentissages est une des réflexions fondamentales de la méthode MHM. Elle s'est construite sur un **double constat**.

⇨ Constat 1

L'enseignement est souvent construit sur un enchainement : une séquence après l'autre, chaque séquence portant sur un ou plusieurs objectifs d'apprentissage. Ainsi, pendant plusieurs séances les élèves vont travailler autour du même objet mathématique.

Le schéma de séquence : *découverte – leçon – exercices – évaluation* est fortement ancré dans la culture professionnelle. Certaines notions ne sont pas réellement revues ni réutilisées en contexte pendant des semaines.

⇨ Constat 2

Un découpage de l'emploi du temps s'est imposé depuis longtemps dans un grand nombre de classes : un jour par domaine. Par exemple :

LUNDI	MARDI	JEUDI	VENDREDI
• Numération	• Géométrie/ Mesures	• Calcul	• Résolution de problèmes

Cette répartition est renforcée lorsqu'il y a deux enseignants sur une classe.

Or, la maitrise des concepts mathématiques, ou des procédures et techniques, requiert du temps. Il est donc nécessaire de ne pas limiter un concept à un temps donné, mais de répartir la pratique dans le temps.

D Une programmation « neuronale »

Forte des constats faits sur un fonctionnement très ancré culturellement (et dans les outils « classiques »), la méthode MHM a opéré d'autres choix.

• Les élèves doivent **rencontrer les savoirs à différentes reprises** pour pouvoir les acquérir. Les apprentissages reviennent donc régulièrement, avec des pauses temporelles voulues. Il faut laisser le temps au temps.

• Les apprentissages s'appuient sur des **propositions pédagogiques diverses**, sur des ressources variées. Sur la même notion, les élèves pourront travailler de façon individuelle ou en interaction avec leurs camarades.

Ces choix reposent sur les apports scientifiques présentés dans le chapitre 5. La neuroéducation a montré tout l'intérêt d'éviter de masser les enseignements et d'espacer les périodes d'apprentissages. Ainsi, il est nécessaire que des périodes de sommeil séparent les différentes phases de travail sur une même notion : 4 fois 30 minutes, voire 8 fois 15 minutes apporteront bien plus de bénéfices que 2 séances d'une heure. Cela implique de repenser la programmation des activités. L'objectif est de lutter contre l'oubli. Ebbinghaus a construit la courbe de l'oubli, liée à la mémoire et à la rétention des informations[2]. Elle montre qu'on perd en effet la moitié des nouvelles

2. Cf. https://huit.re/courbe-oubli.

connaissances dans les jours qui suivent, à moins de réactiver ces apprentissages à intervalles réguliers.

La progression des contenus s'inscrit donc dans un double fonctionnement :

– **semi-massé** : on travaillera plusieurs séances de suite sur l'acquisition des notions les plus importantes de l'année, mais on ne va pas forcément au bout. Une pause temporelle est marquée. Il faut prendre le temps. Les apprentissages se nourrissent les uns des autres. Ainsi, on pourra enchainer deux séances dans le même module sur la soustraction, puis, dans le module suivant, ne plus en parler mais retravailler la notion d'échanges et le calcul mental pour, dans un troisième module, revenir sur l'aspect technique. Cette façon de procéder est déstabilisante pour l'enseignant, mais a montré une certaine efficacité. Il faut résister à son envie d'en faire plus : les élèves ont besoin de temps pour maturer certains savoirs ou certaines procédures.

– **cyclique** : on revient régulièrement sur chaque compétence, notamment au cours des activités ritualisées et du calcul mental. Les élèves doivent rencontrer plusieurs fois les contenus d'apprentissage et les réviser après les avoir acquis. Il faut toutefois être vigilant et veiller à être sûr que l'élève ait bien compris (importance des rétroactions).

Cela donne une programmation des contenus et une progression des objectifs d'apprentissages que je qualifie de « neuronale », car on crée de multiples connexions entre les différents modules d'apprentissage :

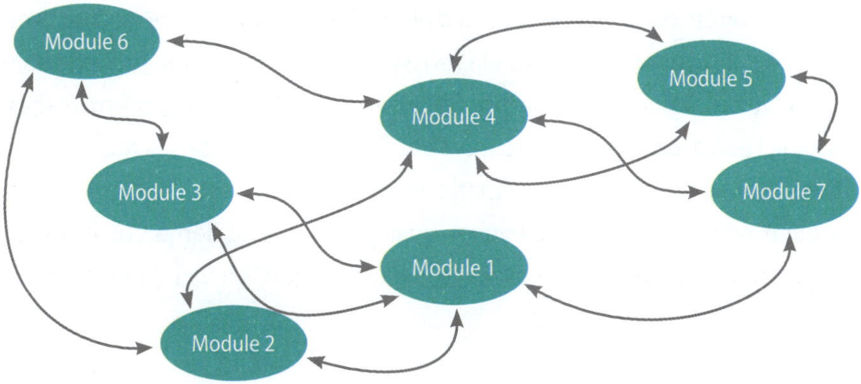

La méthode MHM a été conçue sur la globalité d'un cycle en pensant la continuité. Des choix ont été faits pour donner des priorités : par exemple l'accent est mis en début de CP sur les calculs sur les premiers nombres et la résolution de problèmes numériques oraux. Les élèves arrivant en CP avec des connaissances mathématiques acquises antérieurement, on rebondit ainsi dès les premières semaines sur ces acquis.

En CE1 et CE2, on retrouve des outils, jeux, mini-fichiers, similaires à l'année précédente pour permettre aux apprentissages de s'inscrire dans une réflexion spiralaire sur l'ensemble du cycle.

Du CP au CM2, certaines activités, typologies d'exercices et situations sont similaires : chronomaths, 100e jour, jeu de la cible, travail sur les solides… ce qui répond au besoin de continuité et à un gain de temps dans la mise en œuvre en classe, les élèves connaissant déjà les consignes et attendus.

E L'évaluation

La question de l'évaluation est fondamentale au sein de la méthode heuristique. Elle s'inscrit dans une pratique quasi quotidienne.

• **Les activités orales et le calcul mental** permettent une évaluation formative continue. En effet, l'évaluation peut prendre la forme d'une simple **observation.** Quelques calculs à l'ardoise peuvent par exemple donner une indication intéressante sur le niveau d'acquisition globale d'une compétence très ciblée. Il suffit alors de noter la réussite des élèves sur une grille de suivi.

• Un outil d'évaluation est proposé à l'élève : **le tableau des apprentissages**[3]. Il associe l'élève aux objectifs de travail et sera le support de ses réussites. Les critères d'évaluation seront systématiquement précisés : est-ce qu'on évalue le produit (une réalisation de l'élève) et/ou le processus (la démarche utilisée) ? En impliquant l'élève dans le processus d'évaluation, on va lui permettre de

3. Cf. https://huit.re/mhm-evaluation.

visualiser ses apprentissages et de prendre en main ces deniers. L'élève va pouvoir identifier ses progrès, se motiver au regard de ses réussites.

Deux façons d'utiliser le tableau sont possibles :

– soit l'enseignant le gère et le complète ;

– soit il est cogéré par l'enseignant avec l'élève.

C'est un outil difficile à utiliser qui ne parle pas à tous. Vous pouvez alors adopter votre propre outil.

PRÉNOM : .... **TABLEAU DES APPRENTISSAGES CP- 1**

	Nombres et Calculs				
NC1	Je sais compter et comparer des quantités d'objets				
NC2	Je sais décomposer des nombres.				
NC3	Je sais me repérer sur une suite numérique.				
NC5	Je sais comparer et ranger des nombres.				
NC6	Je sais utiliser des représentations différentes des nombres				
NC7	Je sais passer d'une représentation d'un nombre à une autre.				
NC11	Je sais résoudre des problèmes.				
NC13	Je sais ajouter 1 ou 2 à un nombre.				
NC16	Je sais faire du calcul mental.				
	Grandeurs et mesures				
GM8	Je connais les jours de la semaine.				
	Espace et géométrie				
EG1	Je me repère dans mon environnement.				
EG2	Je sais situer des objets ou des personnes les uns par rapport aux autres.				
EG4	Je sais m'orienter en utilisant des repères.				
EG11	Je sais utiliser la règle.				
EG12	Je sais nommer les figures.				

Tableau d'apprentissage CP (période 2).

L'enseignant programmera régulièrement des temps courts pour que chaque élève fasse le point avec lui sur ses réussites. L'objectif est que ces entretiens permettent à l'élève de s'exprimer sur ses apprentissages, de rentrer dans une démarche de métacognition.

L'enseignant ne portera aucun jugement de valeur, mais au contraire valorisera les progrès déjà effectués. Il explicitera à l'élève les critères de réussite, c'est-à-dire le « comment on sait que l'on sait ».

En ayant accès à ces informations, l'élève va pouvoir prendre conscience du rôle de ses erreurs et développer des stratégies pour s'améliorer sur les points voulus.

À quoi va servir l'évaluation ?

Les évaluations vont permettre d'ajuster la progression ou la séquence, en fonction des réponses des élèves, de leurs acquis, mais aussi de remédier aux difficultés rencontrées. Il est important de ne pas imputer la difficulté à l'élève car cela peut être la situation elle-même qui place l'élève en difficulté.

On veillera donc à bien distinguer les raisons des difficultés observées lors des évaluations : s'agit-il d'un problème de consigne, de compréhension de la tâche, de lacunes mathématiques ? L'important sera de mener une analyse fine.

Pour évaluer l'acquisition des différents savoirs, on testera leur capacité à utiliser ces savoirs (exercices d'application), dans des contextes proches des situations d'apprentissage, en réinvestissement autonome.

En outre, des tests annuels « classiques » peuvent être envisagés. Ils permettent à l'enseignant d'avoir une vision du niveau de la classe à un moment donné. Ils présentent des limites connues : les élèves qui sont moins performants du fait du stress, ceux qui ne font pas le test (alors qu'ils ne rencontrent pas de difficulté au quotidien), etc.

Sur le site, vous trouverez des propositions concrètes avec des livrets élèves, des livrets enseignants et un tableau de saisie.

D'autres systèmes d'évaluation : les ceintures

La façon d'évaluer dans la méthode MHM est déroutante pour les enseignants et peut s'avérer difficile dans sa mise en œuvre, même si certaines classes l'ont parfaitement intégrée.

Il est donc possible de mettre en place un autre système, à la condition de **respecter les principes et modes de fonctionnement** préconisés par la méthode MHM. Le système des **ceintures de compétences** peut ainsi très bien convenir. Venu de la pédagogie institutionnelle (Fernand Oury[4]), ce système permet d'impliquer l'élève dans ses apprentissages en lui indiquant là où il en est et le chemin qui lui reste à parcourir.

> **9 bonnes raisons d'adopter les ceintures de compétences en classe**
> Article du blog *Charivari*, 2018
> https://huit.re/ceinturescharivari

Ce système offre divers avantages, mais demande une réflexion spécifique sur sa mise en œuvre pour l'adapter à la méthode.

Je suggère d'utiliser des ceintures pour la connaissance des tables et pour les techniques de calcul posé. Cela répond à des connaissances très techniques, sur lesquelles il est facile de programmer des entrainements et pour les élèves de se situer.

> **Nos ceintures de compétences**
> Site C2CEDU.
> https://huit.re/ceinturescompetences

Delphine Thibault, PEMF, a créé des ceintures de compétences pour les calculs posés, dont nous avons pensé la progression ensemble.

Plusieurs enseignants « PIDAPI[5] » utilisent la méthode depuis septembre 2018 et vont réfléchir ensemble à l'articulation de la méthode avec leur système.

> **Ceintures de compétences : les calculs posés**
> Article du blog *Tablettes & Pirouettes*, 2018.
> https://huit.re/ceinturescalculs

4. Cf. https://huit.re/Oury-pedagogie.
5. Cf. https://pidapi-asso.fr.

F La didactique

Un enseignement efficace des mathématiques ne peut être qu'une alliance bien pensée entre pédagogie et didactique des mathématiques. La méthode heuristique aspire à une entrée pédagogique dans l'enseignement, mais sans s'affranchir d'une base didactique solide.

La méthode MHM repose sur des croisements de lectures théoriques. Les chercheurs en mathématiques sont nombreux et leurs réflexions ont fortement alimenté ce travail, qu'il s'agisse de Catherine Berdonneau, Stella Baruk, Rémi Brissiaud, Denis Butlen, Roland Charnay, Fabien Emprin, Michel Fayol, Catherine Houdement, etc.

Ainsi, sur le début de la scolarité élémentaire, il est nécessaire à mon sens de tenir compte des réflexions de Rémi Brissiaud. Il a démontré, depuis des années, la différence fondamentale entre comptage-dénombrement et comptage-numérotage. Pour lui, il est important d'utiliser le comptage-dénombrement, car celui-ci fait bien apparaitre l'itération de l'unité[6].

On le théâtralisera en début de CP dans les activités de constitution de collection : « un jeton et un jeton, cela fait deux jetons. Et encore un jeton, cela fait trois jetons en tout… ». Il s'agit de donner du sens au nombre et d'éviter la confusion entre le dernier mot nombre prononcé (représentant le cardinal d'une collection) et le dernier objet. Cette réflexion est fondamentale dans la construction du concept.

Le jeu du saladier (décompositions)

Site *Objectif maternelle* (vidéo), 2016.

https://huit.re/jeusaladier

Dans les différents modules de la méthode MHM qui ponctuent l'année scolaire, les points didactiques importants seront éclairés au moment voulu, avec une attention particulière sur le langage. L'enseignant doit avoir des connaissances didactiques pour enseigner correctement les mathématiques.

6. Voir l'une de ses conférences en ligne : https://huit.re/confbrissiaud.

Il faut maitriser notamment :

– la construction du nombre : système décimal, positionnel… ;

– les différents ensembles de nombres (entiers, relatifs…) ;

– le lien entre les techniques opératoires et la construction des nombres, le choix des techniques opératoires ;

– la multiplication/division des nombres par 10, 100… ;

– les concepts d'aire et de périmètre ;

– les concepts de grandeurs et mesures ;

– la proportionnalité, etc.

Ces éclairages didactiques sont présents dans les modules ou sur le site MHM. La chaine YouTube de la méthode offre aussi des vidéos, les « points maths », qui offrent des supports d'autoformation.

Comment fonctionne notre système de numération ?
Chaine *YouTube* de la méthode MHM, 2017.
https://huit.re/pointmath2

G Le travail coopératif

Dans les différentes modalités pédagogiques de la méthode MHM, sont régulièrement proposées des activités en binômes ou en groupe. Le travail en groupe favorise en effet l'apprentissage.

Dans l'apprentissage coopératif, chaque élève a un rôle dans l'accomplissement de la tâche, ce qui crée de l'interaction entre les élèves, les obligeant à verbaliser, à formuler leurs idées.

On peut confier à chaque membre du groupe une sous-tâche à réaliser, ou toute autre démarche qui les responsabilise. Le travail coopératif vise à renforcer l'autonomie et la responsabilité individuelle et collective. Elle permet aussi de créer une cohésion de groupe et d'induire l'idée que l'on apprend tous ensemble, qu'il n'y a pas de concurrence. Il ne s'agit pas seulement de réussir, mais que nos camarades réussissent aussi.

Toutefois, ce travail doit être réservé à des apprentissages complexes ou trop difficiles pour être réalisés par un élève seul et qui nécessitent l'aide du groupe.

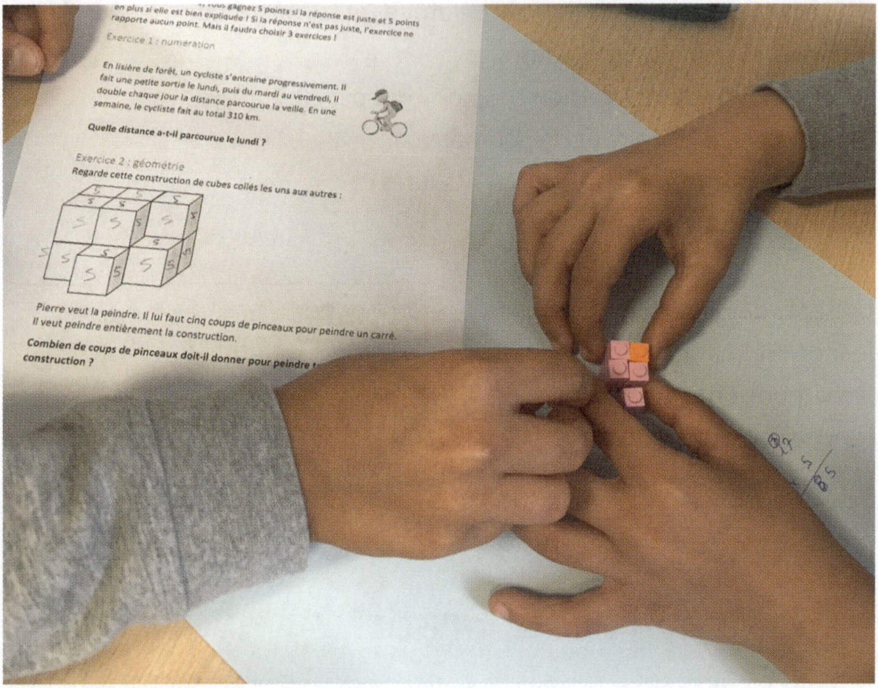

Le rallye maths en coopération.

H La manipulation

La manipulation est un point fondamental dans la méthode et un point fort souligné par tous les enseignants qui ont testé MHM : réduire l'utilisation du « papier-crayon » pour augmenter la confrontation aux objets mathématiques par la manipulation. Les stimulations sensorielles en jeu dans l'activité manipulatoire vont améliorer la rétention (mise en mémoire).

Le rapport Villani-Torossian a inscrit dans ses mesures une réflexion sur les étapes d'apprentissage.

Mesure 5 : les étapes d'apprentissage
Dès le plus jeune âge, mettre en œuvre un apprentissage des mathématiques fondé sur :
- la manipulation ;
- la verbalisation ;
- l'abstraction.

Il est aussi ajouté dans le rapport :

La trace écrite ne peut arriver qu'après des étapes importantes comme celles où les élèves manipulent, s'approprient les notions avec leur cheminement, leurs mots. Ce passage de la manipulation, de la découverte, vers l'abstraction doit vraiment prendre appui sur une phase intermédiaire, souvent oubliée ou trop implicite : la phase de verbalisation, de « mise en mots » par les élèves. Et ceci de la maternelle au lycée ; ces trois phases d'apprentissage peuvent se résumer dans le triptyque : manipuler, verbaliser, abstraire.

Ces propositions sont en résonnance avec les ajustements des programmes de 2015 de l'école élémentaire.

…, on articule le concret et l'abstrait. Observer et agir, manipuler, …menter, toutes ces activités mènent à la représentation, qu'elle soit …ogique (dessins, images, schématisations) ou symbolique, abstraite (nombres, concepts).

Nous allons ici expliciter cette démarche d'apprentissage au regard de la recherche.

Présentation théorique de la démarche

Dans les situations d'apprentissage, on part souvent d'une situation concrète afin de construire une notion ou un concept par l'abstraction, mais, entre ces deux étapes, il faut aider l'élève à se construire une représentation de la situation. C'est là qu'intervient la manipulation. Elle est intéressante pour les élèves, car elle est concrète et leur permet d'agir physiquement. Cependant le matériel de manipulation ne fait pas comprendre les concepts à lui seul. Lorsqu'un élève joue avec des objets, c'est du jeu libre qui n'a pas forcément d'objectif pour l'enfant. Son esprit peut être ailleurs, tandis que dans la manipulation en tant qu'étape d'apprentissage, l'action physique de l'élève est guidée par un objectif, un raisonnement. C'est une dialectique entre des actions « sensorielles » : déplacer, toucher, utiliser, déplacer et des actions plus réflexives comme essayer, contrôler, tester, vérifier… qui vont conduire du « faire » au « raisonnement ».

D'après Jérôme Bruner[7], l'enfant apprend par la manipulation dans un premier temps. C'est le **mode « énactif »**. Pour apprendre, il a besoin de manipuler, d'utiliser ses sens. Certains apprentissages « mécaniques » restent dans ce mode, pour l'enfant comme pour l'adulte, car ils n'ont pas besoin d'abstraction (faire son lacet par exemple).

7. Barth Britt-Mari, « Jérôme Bruner et l'innovation pédagogique », *Communication et langages*, n° 66, 4e trimestre 1985, pp. 46-58.

Au-delà de ce mode énactif, Bruner décrit un niveau cognitif supérieur, appelé **mode « iconique »** : l'élève transforme l'action en image mentale. L'élève se représente une chose sans l'avoir devant les yeux. Par exemple, un élève qui est capable de distinguer un carré d'un rectangle, mais sans pouvoir expliquer les raisons de sa distinction, est en mode iconique. Ou si face à deux quantités d'objets, il en fait la somme mentalement.

Le mode suivant, le **mode « symbolique »**, correspond à la transformation de la représentation mentale en une représentation abstraite. Ce mode représente l'accès à un mode symbolique. Ce passage au système symbolique prend du temps. C'est pourquoi on dit que les enfants ont besoin de temps de manipulation, mais l'exploitation efficace de la manipulation nécessite le questionnement de l'enseignant qui va susciter la réflexion de l'élève. À ce niveau, l'élève peut communiquer sa pensée non seulement aux autres, mais aussi à lui-même. C'est le mode dans lequel on va conduire l'élève à utiliser des symbolisations mathématiques (les différents signes opératoires par exemple, ou la symbolisation des propriétés géométriques).

Ces trois modes sont la base de la démarche d'apprentissage manipuler-verbaliser-abstraire, qu'on peut présenter ainsi :

Manipuler (étape concrète)	**Verbaliser** (imager)	**Abstraire** (conceptualisation et abstraction)
L'élève explore le concept en manipulant des supports (concrets ou virtuels) dans une activité ciblée.	Le concept est représenté avec une première symbolisation. L'élève peut verbaliser et communiquer sur cette représentation imagée.	Le concept est exprimé avec des symboles mathématiques. L'élève peut l'expliquer avec un langage mathématique.

Pourquoi revenir à la démarche est-il si fondamental ? Parce qu'une partie des difficultés en mathématiques relève d'une mise en œuvre inefficace de cette démarche. En effet, la montée en abstraction est souvent trop rapide et manque de progressivité dans les pratiques d'enseignement des mathématiques. Les phases de manipulation sont souvent trop courtes pour amener rapidement à une présentation du concept. Or c'est inefficace pour beaucoup d'élèves. Ils ont besoin de temps pour s'approprier les choses. L'autre écueil peut être de laisser des élèves en difficulté en permanence sur un travail de manipulation sans montée en abstraction.

Toute l'efficacité de la démarche pédagogique se situe dans l'équilibre entre les différentes étapes et dans les transitions, en particulier dans le passage de l'action sur le matériel à l'action mentale. L'enseignant doit ainsi construire des situations qui permettent de favoriser la verbalisation et la construction d'une image mentale. Pour cela, il va bloquer l'accès au matériel pour forcer le passage à la représentation. On peut par exemple mettre le matériel à distance, ou le masquer, pour contraindre au raisonnement hors de la présence du matériel. Il y aura ensuite un retour sur le matériel pour valider la solution trouvée ou l'anticipation imaginée, ce qui pourra se faire sans l'aide de l'adulte.

Il faut être également vigilant au rôle du langage. Quand on demande à l'élève d'expliquer ce qu'il a fait, on lui permet d'approfondir sa compréhension. Pour que l'élève prenne conscience de sa démarche mentale, il faut l'accompagner. Le langage va permettre d'aller vers l'abstraction. L'apprentissage va se construire dans la mise en œuvre pédagogique : la façon dont l'enseignant exploite ce matériel, la verbalisation qu'il demande à l'élève sur son action, etc.

Exemples

Présentation simplifiée de quelques exemples s'inscrivant dans la démarche.

Manipuler (étape concrète)	**Verbaliser** (imager)	**Abstraire** (conceptualisation et abstraction)
	Cycle 1	
 Représentation directe qui permet d'ancrer la situation.	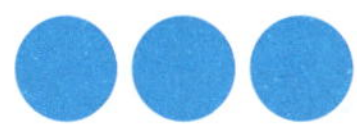 Représentation symbolique pour abstraire la situation.	3 Abstraction conceptualisée qui ancre dans un sens générique.
	Cycle 2	
 La situation demande de dénombrer le nombre total d'objets. Selon la présentation de la situation, l'élève peut ne pas avoir besoin d'additionner mais simplement de dénombrer. Dans ce type de situations, le masquage est un outil pédagogique puissant. Il permet de raisonner hors de la présence des objets et de demander à l'élève d'anticiper.	 Symbolisation et abstraction de la situation donnée.	$3 + 2 = 5$

Manipuler (étape concrète)	**Verbaliser** (imager)	**Abstraire** (conceptualisation et abstraction)
	Cycle 3	
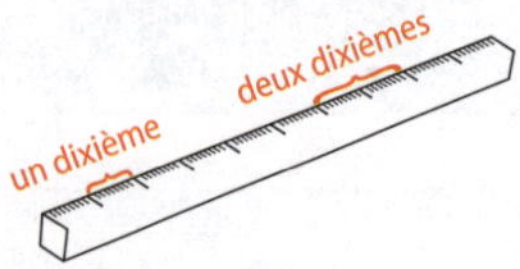 Séparer un étalon unité en dixième puis en centième dans le cadre d'une situation concrète permet de mettre du sens sur le nombre décimal.	 La droite graduée peut être un outil pour imager les nombres décimaux.	$\frac{1}{10} = \frac{10}{100} = 0{,}1$ Écriture mathématique pouvant témoigner de la compréhension du concept par l'équivalence des écritures.
 Manipuler à partir d'emballages récupérés.	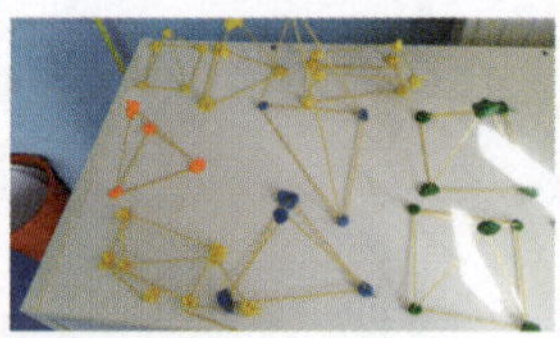 Passer de l'emballage à une première représentation en fabriquant des solides à partir de matériel. Cela permet de poser le langage mathématique : arête, sommet puis de faire le lien avec la représentation en perspective cavalière.	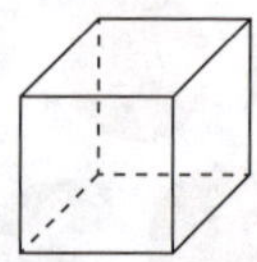 Le cube 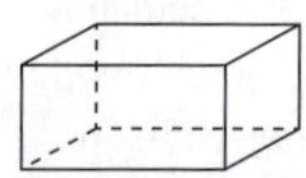 Le pavé *Je sais reconnaitre les solides*

Quel matériel de manipulation ?

Le matériel correspond à des supports concrets comme du matériel de base 10, des jetons, des abaques, des bouts de ficelle, etc. Pour permettre au matériel de servir la démarche, il faut le choisir avec soin : le matériel doit permettre la mise en œuvre des compétences visées, il doit être attrayant, mais non distrayant, il doit être utilisable par tous les élèves, etc. Il faut être vigilant à ce que le matériel n'attire pas l'attention ailleurs par le biais d'une caractéristique non pertinente (par exemple la couleur du matériel), au risque de nuire à l'apprentissage.

Il est fondamental, quelque soit le niveau, d'utiliser le bon vocabulaire mathématique lié au matériel. Il faut en outre prévoir du temps pour que les élèves explorent le matériel. Ils ont besoin de « jouer » avec et de le tester avant de s'en servir pour une activité de manipulation structurée.

Le matériel peut être progressif. Par exemple, pour le travail sur la numération en cycle 2 :

– matériel qui rend les groupements apparents et modifiables : cubes, boites à nombres, batonnets, jetons… ;

– matériel qui rend les groupements apparents mais non modifiables (« je vois mais je ne peux pas défaire ») : cartons montessori, règlettes type cuisenaire avec unités apparentes, matériel de base 10 (si barres et plaques d'un bloc)… ;

– matériel qui rend les groupements ni apparents ni modifiables : billets, réglettes cuisenaires, bouliers.

Le matériel va servir à modéliser une situation pour faire la transition entre une représentation concrète et une représentation abstraite.

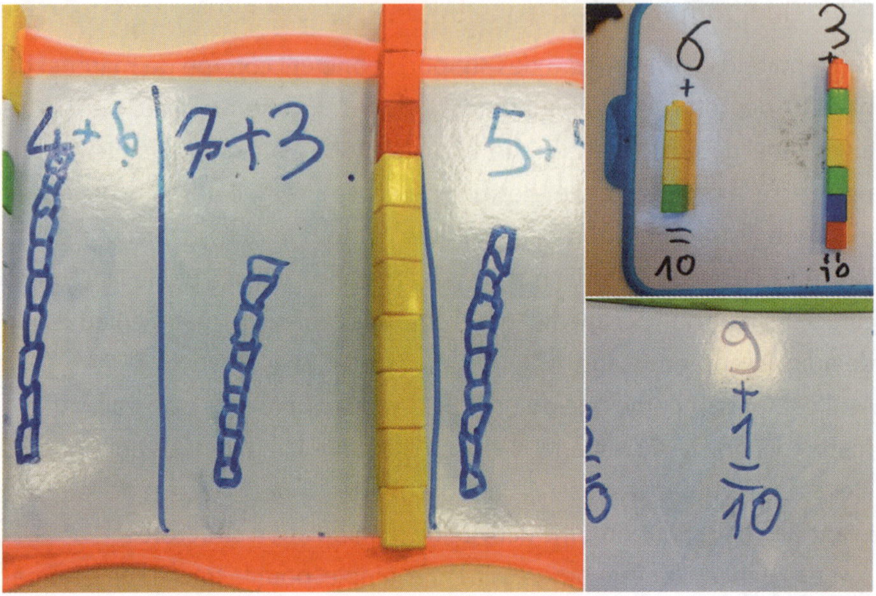

Manipulation de cubes unités pour construire des dizaines et résoudre des opérations.

Le numérique

L'usage d'outils numériques permet de visualiser des actions rapidement, de tester, d'essayer… Toutefois, il faut garder à l'esprit que c'est déjà un niveau supérieur à la manipulation sur du matériel concret, car il s'agit déjà d'une représentation. Le numérique est donc un complément intéressant, à condition que l'articulation entre le matériel et les outils numériques fasse l'objet d'une réflexion préalable.

I La question du langage

L'enseignement des mathématiques ne peut pas faire l'impasse d'une réflexion sur le langage. C'est presque une langue propre, avec un code écrit rigoureux et des désignations orales complexes. Cet aspect des mathématiques est trop souvent délaissé, voire non enseigné. Pourtant, les difficultés liées à la langue française sont multiples.

• Comprendre que **le mot *un*** désigne à la fois l'indéfini dans la langue courante et une quantité, alors que d'autres langues disposent de deux mots différents (en anglais, l'indéfini est *a* et la quantité est *one*).

• Différencier **les notions de cardinal et d'ordinal**. La date, enseignée quotidiennement à l'école, s'écrit par exemple « jeudi 8 juin », ce 8 désignant le 8e jour du mois, mais aussi les huit jours qui se sont écoulés depuis le début du mois. Là encore, d'autres langues marquent la différence en utilisant le vocable -énième (en anglais, *the eighth*).

• Lier **la désignation orale et écrite de la numération** : la langue française possède ses mots propres (*onze, douze, treize…*) ou ses combinaisons complexes (*soixante-dix-huit ou quatre-vingt-dix-neuf*), là où d'autres langues font un lien direct (*trente-six* se dira *trois dix et six* dans les langues asiatiques par exemple).

• Appréhender **le symbolisme des signes opératoires** : +, −, ×, :, et tous les autres <, >, =, la barre de fraction, les codages en géométrie…

• Connaitre **le vocabulaire mathématique** et l'utiliser : addition/somme, soustraction/différence, multiplication/produit/facteur…

• Comprendre des **mots venant du latin** (*quadri*, de « quadrilatère », signifiant « quatre » ou *segmentum* de segment venant de *secare* qui signifie « couper ») ; ou des **mots venant du grec** (*mètros* qui signifie « mètre », *poly* qui signifie « plusieurs »…). On pourra essayer d'y remédier en faisant le lien avec l'étymologie des mots (à partir des classes de CM).

• Décrypter **la polysémie de l'écrit** : le « 4 » qui a plusieurs sens différents, selon sa position dans un nombre (par exemple dans 1 444) ou dans d'autres situations, comme dans la fraction $\frac{1}{4}$.

Les mots mathématiques sont déjà des concepts, responsables directement de difficultés pour de nombreux élèves. Ne pas en avoir conscience, c'est prendre le risque de créer des malentendus avec les élèves (comme les abus de langage autour des mots « chiffre » et « nombre »).

Il existe aussi des mots ou expressions utilisés dans la vie quotidienne et en mathématiques avec des sens différents. Par exemple, les conjonctions de coordination « et » et « ou », « si… alors… » ont des significations propres en mathématiques (logique), interprétées de façon variable dans un contexte naturel. C'est particulièrement vrai dans le domaine des grandeurs et mesures. Le mot « grandeur » n'est ainsi pas directement utilisé en classe et il est remplacé selon le contexte par « longueur », « masse »… Dans le domaine des longueurs, le lexique est très varié : *longueur, hauteur, distance, altitude, profondeur, taille, tour…* et la difficulté pour l'élève est de comprendre qu'à chaque fois cela se réfère au même concept mathématique de « longueur ».

La question du langage est donc centrale dans l'enseignement des mathématiques. L'enseignant doit expliciter les termes et expressions, mais aussi encourager les élèves à échanger entre eux. Cela rejoint la nécessité de faire travailler les élèves en petits groupes.

Ces échanges permettent aux élèves de confronter leurs idées, de formuler leur avis, de mettre des mots sur ce qu'ils font. Le rallye mathématique est par exemple très efficace à cet effet.

J Penser « visuel »

Les mathématiques sont complexes. Les concepts sous-jacents sont difficiles à appréhender et nécessitent la compréhension de nombreuses représentations : écriture, symboles, codages, etc. Cela pose particulièrement problème pour les élèves en difficulté et ceux qui souffrent de troubles des apprentissages.

Utiliser des supports visuels pour illustrer les concepts peut se révéler une aide précieuse. Représenter visuellement, c'est réaliser un schéma, un graphique ou autre pour construire une image mentale, illustrer les relations entre les objets en jeu. Cela demande de la pratique, tant pour l'enseignant que pour les élèves. L'utilisation de couleurs peut aussi aider. Un schéma peut ainsi mettre en évidence des relations :

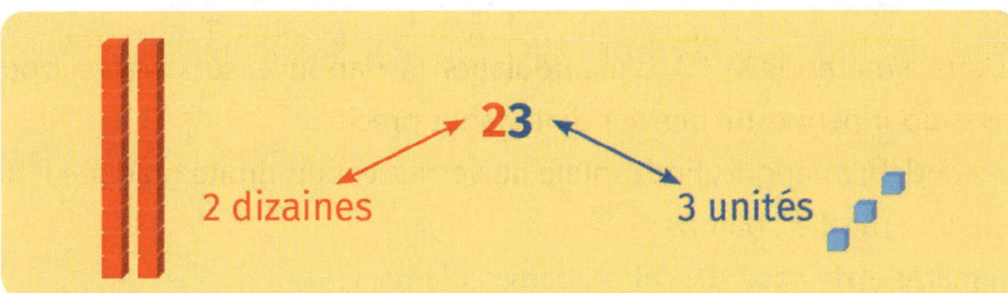

L'utilisation de vidéos ou d'animations permettra aussi d'illustrer des procédures. Les outils numériques seront alors d'une aide précieuse, car ils peuvent traduire des processus complexes sous forme d'images. Une animation claire qui va à l'essentiel réduit le cout mental pour l'élève et donc lui sera utile pour acquérir des savoirs, notamment pour tout ce qui relève de la « procédure ».

Animations mathématiques
https://huit.re/mathvisuals

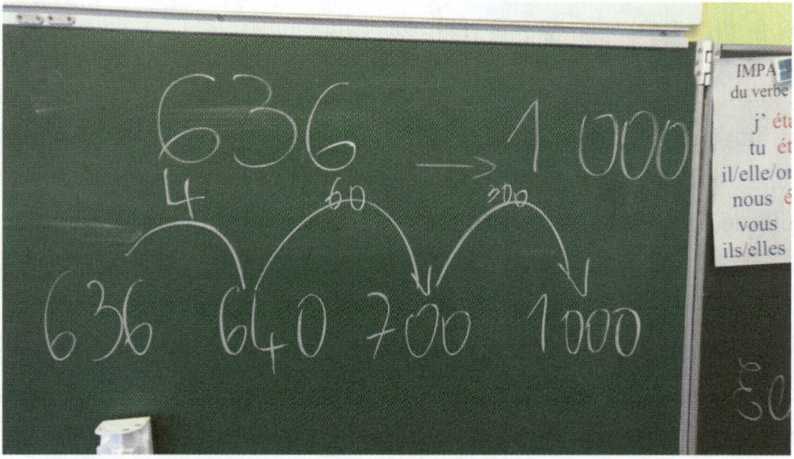

Synthèse par l'enseignante d'une procédure de calcul (CE2).

K Les supports d'apprentissage

Dans la méthode MHM, la manipulation va s'appuyer sur divers supports pensés pour permettre des apprentissages précis :

– bande numérique, horizontale ou verticale, puis droite graduée ;
– cubes, ficelles, bâtons ;
– matériel de base 10 : cubes, barres, plaques ;
– calepin des nombres, cartons nombres ;
– abaques et formes géométriques.

Mais aussi : des fiches d'exercices « classiques », des mini-fichiers ciblés sur un point précis et des jeux.

Ces supports n'ont pas été pensés au hasard. Les fiches sont parfois jugées austères, à l'opposé des productions très esthétiques qu'on trouve sur nombre de blogs d'enseignants. Or la recherche (André Tricot notamment[8]) a montré l'importance de réfléchir à la **lisibilité des supports** : éliminer tout ce qui est redondant, inutile, décoratif. Les outils élèves (mini-fichiers) sont ainsi systématiquement au format A5, adaptée aux élèves -dys et sans fioritures.

8. Conférence d'André Tricot : https://huit.re/conftricot.

L La place du jeu

Cette méthode offre une place explicite au jeu. La mise en œuvre de jeux mathématiques demande des stratégies et donc une réflexion mathématique (anticipation, calculs…) qui permettra d'enrichir l'enseignement des mathématiques. Les jeux proposés dans la méthode ont été testés ainsi que l'éventail des variables didactiques qui permettent de faire évoluer le jeu en fonction des élèves, dans un esprit de différenciation.

Je distingue le jeu mathématique du jeu de société classique, car le jeu mathématique, au-delà de son aspect ludique, a un objectif pédagogique ciblé : s'entrainer au calcul, mémoriser les différentes écritures chiffrées d'un nombre, mémoriser les doubles, les compléments… Pour apprendre, le jeu mathématique doit s'inscrire dans une situation didactique. La méthode privilégie les jeux avec un minimum de matériel, rapides pour une mise en œuvre efficiente, aux règles facilement compréhensibles. Ces différents critères renforcent l'autonomie des élèves.

Le jeu sera une **activité d'entrainement** pour renforcer les apprentissages. Il permettra aussi d'offrir une vision positive des mathématiques.

Élèves de CE1 jouant au Comparator.

M La résolution de problèmes

La résolution de problèmes doit jouer un rôle fondamental dans l'enseignement des mathématiques, non seulement parce qu'elle est au cœur de toute activité mathématique, mais aussi parce qu'elle développe la réflexion mathématique et permet de faire le lien entre les connaissances et les procédures acquises. La résolution de problèmes sert à appliquer ce que l'élève a appris dans des situations qui se veulent proches de la réalité (même si elles peuvent avoir l'air artificielles).

Le choix de la méthode MHM est de consacrer un temps spécifique à la résolution de problèmes, en plus de diverses situations dans lesquelles l'élève pourra faire appel aux mêmes compétences mathématiques.

La méthode s'appuie sur les réflexions de Catherine Houdement[9], en classant les problèmes en trois catégories.

1. Les problèmes numériques basiques : des problèmes que l'on peut résoudre avec une seule opération. Le contexte est accessible aux élèves, les énoncés sont choisis pour limiter les problèmes de compréhension. Ils vont être travaillés dans les mini-fichiers spécifiques. Chaque mini-fichier de résolution de problèmes est alors associé à une programmation liée à la typologie des problèmes numériques de Vergnaud. Cette classification des problèmes additifs et multiplicatifs illustre les différents types de problèmes. Par exemple, le problème « Je suis venu à l'école avec 8 billes. J'en ai gagné 5 en jouant à la récréation. Combien ai-je de billes maintenant ? » est ce qu'on appelle un problème de recherche d'état final. Les outils divers (manuels, fichiers, documents en ligne) ont tendance à focaliser sur certains types de problèmes (notamment la recherche de l'état final), alors qu'il faut travailler sur les différentes typologies.

9. Cf. https://huit.re/Houdement-problemes.

2. Les problèmes numériques complexes : des problèmes qui demandent plusieurs étapes, chacune des étapes étant en soi un problème basique. Ils vont être travaillés dans les situations d'apprentissages ou dans la boite à énigme.

3. Les problèmes pour chercher : des problèmes ouverts qui mettent l'élève en situation de recherche. Généralement, il s'agit d'un problème dont l'énoncé n'induit pas de solution ou de méthode évidentes. Il offre donc une certaine résistance et ne peut être résolu rapidement par la plupart des élèves.

Les objectifs des problèmes pour chercher sont multiples.

– Changer le rapport aux mathématiques. Certains problèmes sont ainsi totalement dénués de données numériques, ce qui déstabilise les élèves mais leur offre à voir autre chose. C'est le cas par exemple des problèmes de logique qui se résolvent à partir d'un tableau de vérité. On place les élèves en position de « mathématicien » qui cherche.

– Développer d'autres compétences : argumentation, mise en œuvre d'une démarche scientifique (car l'enfant va essayer, conjecturer, tester...), travail en groupe et de façon coopérative, écoute et prise en compte des avis des uns et des autres...

La progression s'appuie donc, du CP au CM2, sur un travail systématique des différentes typologies, programmées sur les cinq années de l'école élémentaire ; chaque année reprenant les typologies vues les années précédentes pour en aborder une ou plusieurs nouvelles.

Cette progression s'appuie aussi sur des **choix didactiques** :

– l'élève doit faire des analogies avec des problèmes du même type qu'il aura déjà rencontré. Il doit identifier – implicitement souvent – la typologie de problème pour faire appel à sa mémoire et à la procédure déjà utilisée dans un problème modélisé ;

– l'élève doit réaliser un nombre conséquent de problèmes pour mémoriser une procédure. La répétition et la catégorisation de problèmes selon des schémas donnés et modélisés sont fondamentales.

La méthode MHM est organisée pour leur faire résoudre **plusieurs dizaines de problèmes** au cours de l'année. Le contexte est important : autoriser l'élève à se tromper, encourager à essayer, à revenir sur le problème, à accepter qu'il y ait plusieurs stratégies et que la sienne puisse être différente de celle de son voisin, etc. Le travail en binôme ou en groupe, notamment lors des rallyes mathématiques, encourage cet engagement.

Résoudre un problème ce n'est pas trouver « la » bonne opération, mais c'est avoir un ensemble de stratégies disponibles pour affronter les différents cas. Il importera d'éviter des approches didactiques fausses, telles que les recherches d'informations utiles ou inutiles, l'identification d'opérations selon les mots (les inductions lexicales comme l'idée que le mot « reste » impliquerait une soustraction), etc.

Les stratégies à développer peuvent être des démarches du type essais-erreurs (hypothèses, déductions sur le texte), mais aussi l'utilisation de schémas. **Ces stratégies doivent être enseignées**, notamment le recours aux schémas. La méthode de Singapour fait ainsi le choix de résoudre les problèmes par une modélisation en barres. Celle-ci est difficile pour certains élèves. Il faut par exemple représenter des valeurs en euros par la longueur des barres : un changement de grandeurs qui n'est pas accessible aux élèves en difficulté. Dans la méthode MHM, il a été ainsi choisi de proposer **plusieurs types de schématisation**, afin de ne pas se bloquer dans une méthodologie fermée.

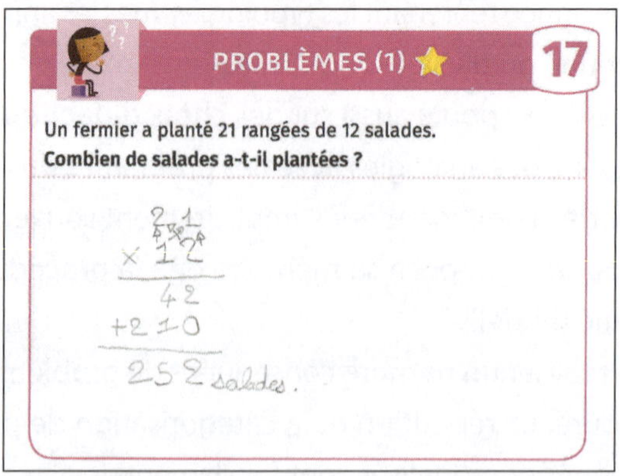

Exemple de résolution de problèmes (CM1).

CHAPITRE

8

Mise en œuvre de la méthode

A Programmation annuelle

L'année scolaire dure 36 semaines, mais elle est souvent réduite au regard de différentes contraintes liées à la vie de la classe et de l'école. Les programmes prévoient que l'enseignant dispense 180 heures de mathématiques par an. La méthode est conçue sur 160 séances de mathématiques. Ces séances ont toujours une **durée d'une heure**[1]. Elles incluent les séances d'apprentissages, les évaluations, les séances de régulation, elles-mêmes facteurs de gestion du temps. Les 20 heures restantes laissent ainsi la place aux contraintes de la vie de classe : les jours fériés, les projets particuliers, les sorties… Cette organisation atténue la pression du temps et permet d'avancer sereinement.

Les rythmes scolaires ont donc **un enjeu sur sa mise en œuvre**.

➔ Avec la semaine de 4 jours et demi, il faut donc consacrer une séance par jour de mathématiques.

➔ Avec la semaine de 4 jours, il faut prévoir une fois par semaine deux séances de mathématiques d'une heure dans la même journée. Cela peut paraitre excessif, mais cette organisation n'a posé aucune difficulté dans les classes qui l'ont pratiquée. Il ne faut pas oublier que les élèves ont l'habitude d'avoir deux heures de français par jour, si ce n'est plus, dans une semaine construite sur quatre journées pleines. Ce n'est pas la même chose que de faire 4 séances d'1 h 15 !

1. Cette durée ne pose pas de soucis, même en CP, grâce au format des séances.

De façon générale, les séances peuvent éventuellement être découpées en plusieurs séquences réparties à différents moments des journées, mais les élèves n'ont guère de difficulté à maintenir leur attention sur la totalité de l'heure prévue.

Il est important de se tenir à la programmation proposée par la méthode et de suivre les séances. Au début, on peut être tenté d'en faire plus, de vouloir refaire telle ou telle activité, car on se dit qu'elles n'ont pas été assez approfondies. Rassurez-vous : c'est la particularité de la méthode ! La programmation est construite de telle façon que chaque notion est répartie dans le temps long de l'année. Il faut avancer, laisser aux élèves le temps de « maturer » et reprendre avec ceux qui en ont besoin certains points lors des séances de régulation. Tous les enseignants qui ont testé la méthode ont fait ce constat !

Enfin, la méthode s'inscrit dans un **principe de continuité** : elle est pensée sur l'année, mais aussi sur le cycle et enfin sur toute la scolarité élémentaire. Ainsi, les élèves retrouvent des fonctionnements similaires qui deviennent plus efficaces d'année en année. Ce principe de continuité s'applique aux mini-fichiers qui connaissent des évolutions, mais aussi aux jeux. Par exemple, les élèves jouent au jeu de la cible du CP au CM2, selon des modalités différentes.

B La classe

La question de l'environnement est fondamentale : c'est l'un des principes fondateurs de la méthode. Une classe organisée en « rangs d'oignons » ou en ilots ne se gère pas de la même manière ! Tout le monde n'a pas la même surface de travail, un mobilier adéquat... donc chacun fera avec ses possibilités. Mais il reste toujours des leviers de changement : enlever le bureau de l'enseignant, réorganiser les espaces de rangement...

Il faut créer un environnement d'apprentissage qui permette une **stratégie métacognitive**, ce qui nécessite une analyse réflexive de son fonctionnement qui doit être pensé en amont. De nombreux enseignants s'interrogent depuis quelque temps sur l'aménagement de leur classe et c'est une question récente, mais importante (voir sur les réseaux sociaux les réflexions sur le *flexible seating* par exemple). Cela signifie concrètement :

– avoir une classe qui se prête à **différentes modalités d'organisation pédagogique** : travail individuel, en binômes, en groupe ; donc une classe dans laquelle on peut circuler[2] ;

– disposer d'une **zone d'affichages pour les mathématiques** : celle-ci n'a pas besoin d'être très grande, car quand un affichage n'est plus utile, il devra être enlevé et remplacé. Ponctuellement, on pourra afficher des documents décrivant des procédures construites avec les élèves ;

– disposer d'un « **coin maths** » : un meuble ou une partie de la classe sera dédié aux mathématiques. On y rangera le matériel et les supports de travail. Ce coin est important. Il concourt à une acculturation des objets mathématiques.

Exemple de coin maths en CP.

2. Enlever le bureau de l'enseignant permet par exemple de récupérer le volume nécessaire.

C Le fonctionnement global

La méthode est constituée de **24 modules** de 5 à 8 séances d'une durée d'une heure environ. La durée de chaque module est en annexe 1 (p. 188). Vous avancez séance après séance. Vous vous arrêtez avant chaque vacances scolaires et éventuellement vous faites une séance de remise en route au retour des vacances pour réactiver la séance précédente.

Le module 24 est un module final de révision et d'évaluation qui peut être facultatif.

Chaque module est construit sur le même schéma pour tous les niveaux de classe, ce qui permet une meilleure adéquation entre deux niveaux au sein d'un cours double niveau. On suit chaque module, l'un après l'autre, une séance après l'autre.

Les séances sont parfois regroupées en un bloc, permettant de faire des rituels quasi identiques et de proposer un fonctionnement en ateliers. Par exemple, si les séances 1 à 4 d'un module sont consacrées à un fonctionnement en atelier, ce sera le cas pour tous les niveaux, du CP au CM2, en cours simple ou double.

Dans certains modules, on trouve une séance dite de « régulation ». Celle-ci est à construire par l'enseignant. Son rôle et sa mise en œuvre sont expliqués dans ce chapitre (p. 119).

Sur l'ensemble de ces modules, il faudra ajouter **un module en arts plastiques et en géométrie** dont la mise en œuvre se fera sur l'horaire des séances d'arts plastiques. Ce module est important, car il permet de réinvestir les compétences de mathématiques dans un autre contexte. C'est donc l'occasion de connecter les mathématiques au monde et de leur conférer une utilité esthétique.

L'organisation générale se décline ainsi :

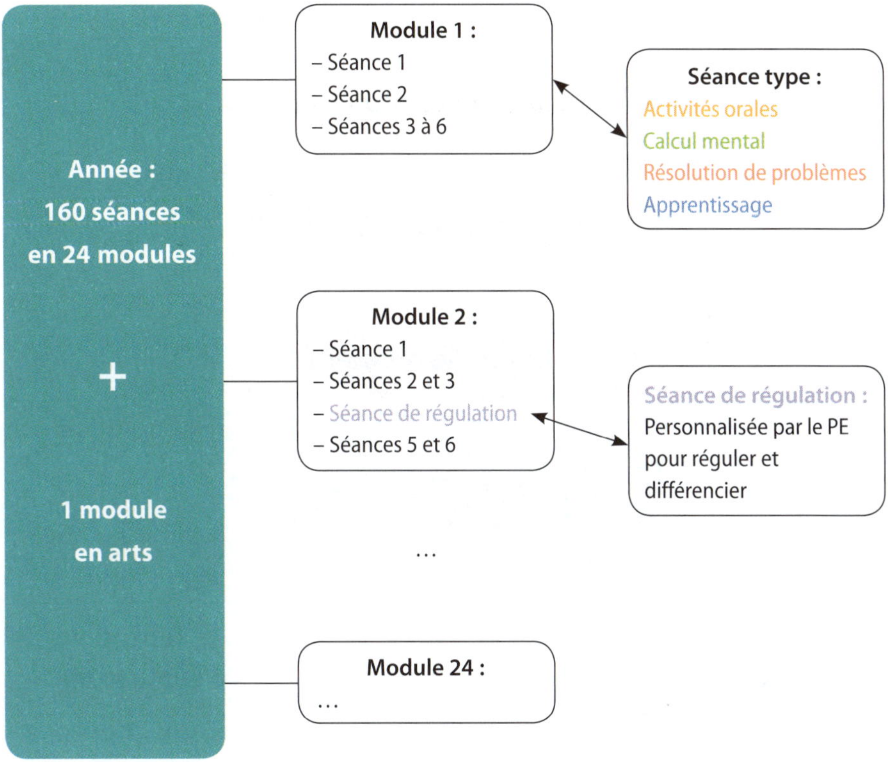

Schéma de fonctionnement.

D Une séance classique

La démarche s'appuie sur un schéma « type » de séance :

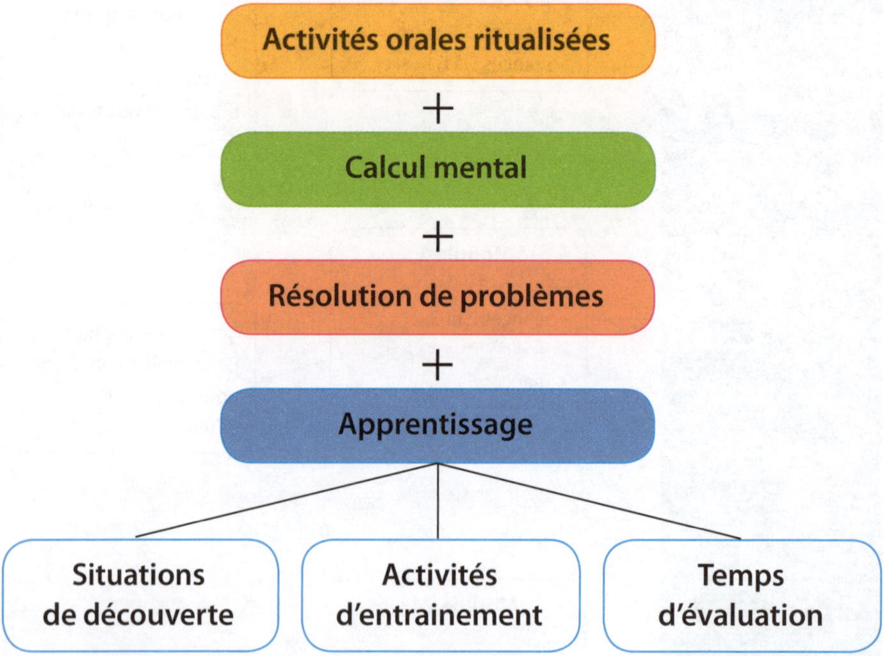

Les activités orales ritualisées

Certaines activités relèvent davantage d'une activité orale que de calcul mental, comme la lecture de nombres, la comptine numérique, le transcodage[3] de nombres. Ces activités démarrent la séance et offrent un espace sécurisé et sécurisant. Ces activités sont l'occasion d'une **rétroaction rapide et ciblée.**

Elles visent toujours un renforcement de connaissances (régularité et répétition) et sont complémentaires au travail sur le nombre et le calcul. Elles jouent un double rôle fondamental :

– mettre en confiance les élèves pour la suite de la séance par des activités leur permettant d'être en réussite ;

3. Passage de la forme verbale du nombre à sa forme chiffrée.

– installer des connaissances en mémoire de façon durable grâce à une réactivation régulière et à un renforcement des connexions entre les différents apprentissages.

Elles feront appel aux outils de la classe : les doigts, la bande numérique, puis la droite graduée, l'ardoise, etc. Par exemple :

– réciter la bande numérique, à partir d'un nombre donné, à rebours, de x en x ;

– lire des nombres montrés par l'enseignant sous différentes formes (verbale, chiffrée, décomposée…) ;

– écrire sur l'ardoise le nombre suivant (ou précédent) celui énoncé par l'enseignant ;

– écrire le maximum de nombres possibles à partir d'un stock de chiffres donnés, ou d'un stock de mots nombres.

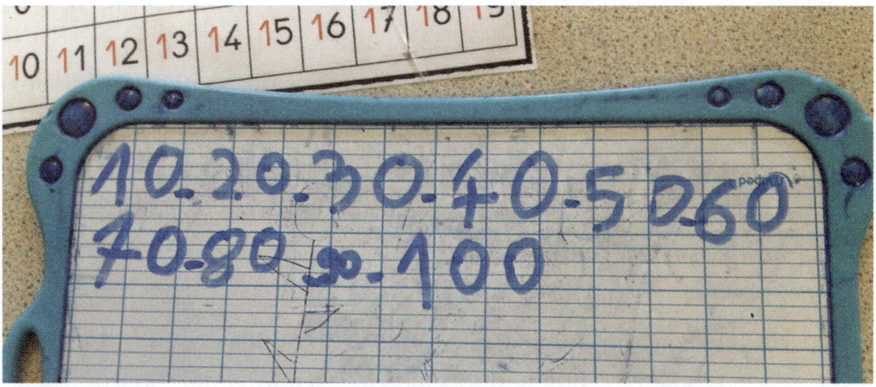

Exemple en CE1 : « compter de 10 en 10 ».

Le calcul mental

Le calcul mental ne doit pas être résumé à de simples techniques. Il a un rôle fondamental dans les apprentissages, en lien avec le calcul instrumenté et le travail sur les estimations et les ordres de grandeur qui est à renforcer. Le développement des compétences en calcul mental va directement servir à la résolution de problèmes. Je reprends dans la méthode la classification du calcul mental en calcul automatisé et calcul réfléchi, même si ce n'est pas le cas dans les programmes de 2015. Cette classification est plus claire sur l'activité intellectuelle de l'élève.

Le **calcul automatisé** consiste pour l'élève à retranscrire des résultats stockés et mémorisés : tables d'addition, doubles et moitiés, compléments… ainsi que les propriétés des opérations. La maitrise des automatismes est primordiale pour alléger la charge cognitive dans des tâches plus complexes.

Le **calcul réfléchi** sert à travailler plusieurs stratégies pour répondre à une même consigne. Par exemple, comment ajouter 9 à un nombre donné, comment multiplier par 10, etc.

L'enseignant explicite les procédures des élèves, les confronte. Ce temps favorise la réflexion de l'élève et lui facilite le choix de la stratégie à adopter face à une situation donnée. Il doit pouvoir disposer de son ardoise ou d'un brouillon pour s'exprimer et noter d'éventuels résultats intermédiaires (cela évite une saturation de la mémoire).

On travaillera notamment les décompositions de nombres, additives, multiplicatives, par rapport à 10…

L'automatisation de stratégies de décomposition/recomposition du type $4 + 3 = 4 + 1 + 2 = 5 + 2 = 7$ est étroitement liée à la mémorisation. Les calculs sont alors la base de la mémorisation.

On gardera à l'esprit que le calcul mental n'est pas l'apprentissage de recettes de calcul sans compréhension, mais plutôt une gymnastique réfléchie et consciente sur les nombres, les propriétés des opérations, s'appuyant sur des connaissances mémorisées. On bannit donc les raccourcis du type « Multiplier par 10, c'est ajouter un zéro au nombre », qui sont didactiquement fausses et qui créent des erreurs en ne s'appuyant pas sur le sens.

Au sein de la méthode MHM, une part du calcul mental est régulièrement consacrée à des séries de calculs, l'objectif étant de permettre par la pratique de mémoriser des faits numériques (par exemple : 9, c'est 4 + 5).

Certaines procédures sont régulièrement pratiquées pour viser l'automatisation de la procédure. Par exemple :

– en cycle 2, additionner deux nombres consécutifs, c'est utiliser les doubles : 6 + 7 = 6 + 6 + 1 ;

– en cycle 3, multiplier ou diviser de tête un nombre par deux.

Le calcul réfléchi est favorisé afin d'entrainer l'élève à réfléchir par lui-même et à faire preuve de souplesse dans son rapport aux mathématiques, en osant chercher et essayer.

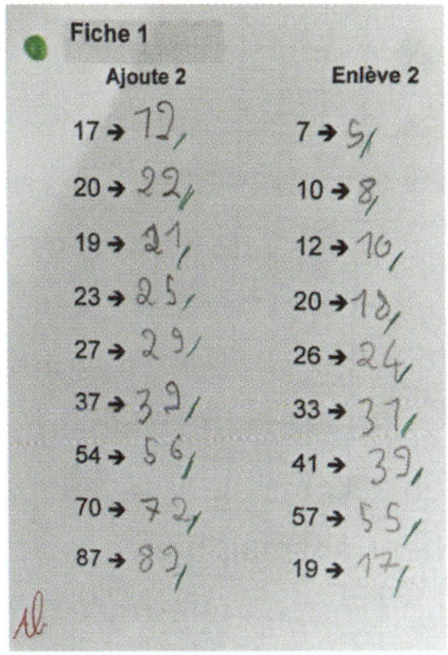

Fiche 1

Ajoute 2	Enlève 2
17 → 19	7 → 5
20 → 22	10 → 8
19 → 21	12 → 10
23 → 25	20 → 18
27 → 29	26 → 24
37 → 39	33 → 31
54 → 56	41 → 39
70 → 72	57 → 55
87 → 89	19 → 17

Certaines activités de calcul mental sont réalisées sur fiches.

Chaque année, pour tous les niveaux, du CP au CM2, douze « chronomaths » sont réalisés. Ce sont des fiches de calculs chronométrés. Les CP ont 20 calculs à faire en 3 minutes, les CE1/CE2 en ont 30. Les CM1/CM2 réalisent 30 calculs en 5 minutes.

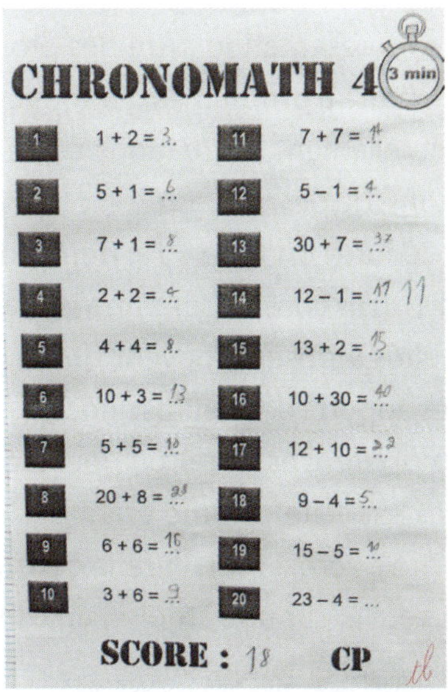

CHRONOMATH 4 (3 min)

1	1 + 2 = 3	11	7 + 7 = 14
2	5 + 1 = 6	12	5 – 1 = 4
3	7 + 1 = 8	13	30 + 7 = 37
4	2 + 2 = 4	14	12 – 1 = 17 11
5	4 + 4 = 8	15	13 + 2 = 15
6	10 + 3 = 13	16	10 + 30 = 40
7	5 + 5 = 10	17	12 + 10 = 22
8	20 + 8 = 28	18	9 – 4 = 5
9	6 + 6 = 16	19	15 – 5 = 10
10	3 + 6 = 9	20	23 – 4 = ...

SCORE : 18 CP

Le chronomath, activité de calcul mental chronométrée.

La résolution de problèmes

⇨ Les problèmes numériques

Dans la méthode, les problèmes seront traités sous deux formes :

– soit oralement : l'enseignant lit l'énoncé du problème, l'affiche si besoin ; les élèves cherchent seuls, ou en binômes, sur un temps court ;

– soit par écrit, majoritairement via les mini-fichiers de problèmes.

Résoudre un problème, c'est comprendre une histoire. Le contexte doit être accessible. Il ne faut pas oublier que ce n'est pas un exercice de compréhension, mais bien une activité mathématique. Si le contexte ne parle pas à un élève, on reformule dans un contexte accessible.

Dans les temps de recherche laissés aux élèves, on constate souvent que certains ne rentrent pas dans la recherche, en expliquant : « Je ne sais pas faire ! », « C'est trop dur ! », « Je n'ai rien compris »… Pour lutter contre ces phénomènes, j'ai pris soin de choisir judicieusement les problèmes et de ne pas cumuler les difficultés dans les énoncés. C'est en les mettant régulièrement en réussite sur la résolution de problèmes qu'ils pourront ensuite rentrer dans des résolutions complexes.

Pour construire une représentation juste des problèmes, les élèves disposent également de la **boite à problèmes** qui contient du matériel pour les aider à modéliser éventuellement la situation : de petits personnages pour mimer l'histoire, de jetons, de dés, de cartes, etc. L'objectif est d'éviter qu'ils systématisent des procédures du type « J'ai deux nombres dans l'énoncé, je les additionne », mais qu'ils construisent une véritable représentation du problème. Leurs difficultés reposent souvent sur un problème d'inhibition (voir le chapitre 5 sur les apports des neurosciences) : ils ont tendance à activer cet automatisme implicite. C'est la raison pour laquelle on leur présente les problèmes et on les explicite comme étant des « histoires », voire des « enquêtes ». On les incite à verbaliser leur réflexion, qui ne sera ni corrigée, ni notée et qui pourra s'étaler sur une ardoise, un cahier de brouillon, voire mieux, dans le cahier de mathématiques !

Exemples de mini-fichiers d'élèves :

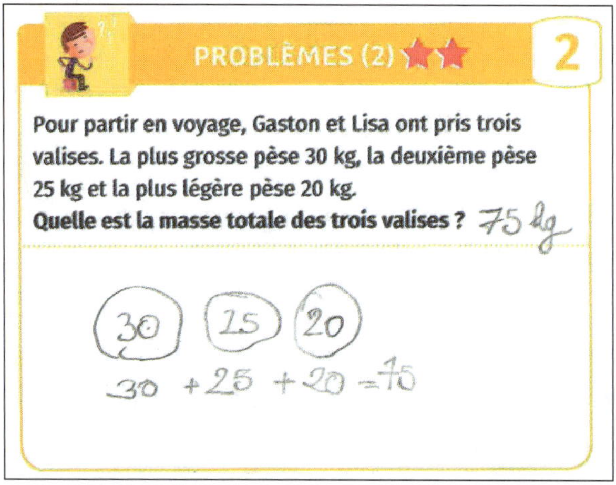
PROBLÈMES (2) ★★ 2

Pour partir en voyage, Gaston et Lisa ont pris trois valises. La plus grosse pèse 30 kg, la deuxième pèse 25 kg et la plus légère pèse 20 kg.

Quelle est la masse totale des trois valises ? 75 kg

30 25 20

30 + 25 + 20 = 75

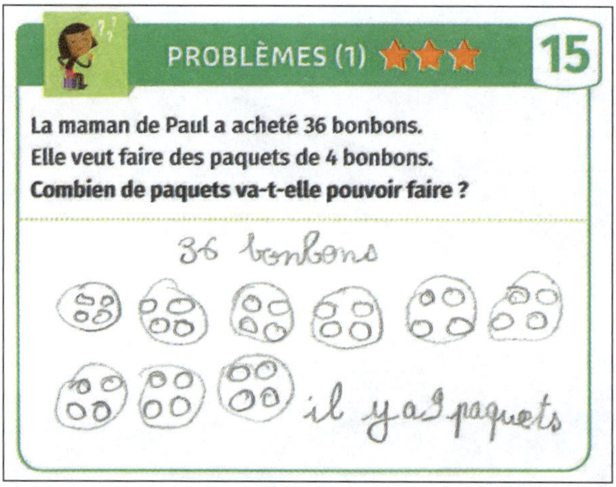
PROBLÈMES (1) ★★★ 15

La maman de Paul a acheté 36 bonbons.
Elle veut faire des paquets de 4 bonbons.
Combien de paquets va-t-elle pouvoir faire ?

36 bonbons

il y a 9 paquets

⇨ Les problèmes non numériques

Tout au long de l'année, les élèves vont rencontrer des problèmes non numériques, que ce soit en numération, en géométrie, en grandeurs et mesures ou en gestion de données, mais aussi dans des situations diverses et variées.

Ces problèmes viennent compléter la progression sur les problèmes numériques, conformément aux programmes.

⇨ Les problèmes de recherche

Plusieurs fois dans l'année, les élèves seront confrontés à des problèmes de recherche, qu'on appelle aussi « problèmes ouverts ». Ces problèmes vont être travaillés lors des quatre séances de rallye maths qui ont lieu chaque année dans la méthode. On en trouvera aussi dans certaines situations d'apprentissages proposées en classe.

Ces problèmes sont difficiles, mais sont appréciés. Ils demandent un travail collaboratif, de la persévérance, mais aussi la capacité à envisager différentes façons d'aborder un problème. Ils sont aussi l'occasion pour certains élèves de faire preuve d'autres qualités et de se mettre en avant. Ainsi, des élèves en grande difficulté ont été très efficaces sur des problèmes dits de logique et ont gagné en confiance.

Élèves en rallye maths en CM1/CM2.

⇨ La modélisation

Pour participer à la mémorisation des procédures de résolution des problèmes, un travail sera effectué sur la **modélisation des problèmes**. Au terme de plusieurs résolutions de problèmes de même type, par exemple la recherche d'un état final, une séance plus longue sera consacrée à la modélisation de la résolution du problème.

Exemple sur un problème en cycle 2 : « La maitresse range les feutres de la classe. Elle avait acheté une boite de 28 feutres, mais elle doit en jeter 11 qui sont trop usés. Combien de feutres les élèves vont-ils pouvoir utiliser maintenant ? »

1. Mise en scène collective : les élèves s'approprient seuls le problème et mènent leur recherche individuellement sur le support de leur choix. Ce temps de recherche donne ensuite lieu à une réflexion collective.

L'enseignant demandera aux élèves de donner sens à la situation en ayant recours au mime/théâtre, à des petits personnages, à des images à coller au tableau… Tout ce matériel se trouve dans la boite à problèmes. Un élève pourra mimer la situation, les autres commentant. Dans l'exemple, l'enseignant pourra dessiner les feutres au tableau.

2. Représentation de la situation : on glisse de la mise en scène à une représentation plus symbolique. Plusieurs représentations sont possibles et peuvent se cumuler pour conduire à une écriture mathématique finalisée. On pourra par exemple représenter les quantités par des barres de longueurs différentes, des diagrammes, des schémas, etc.

Dans un premier temps, les élèves commencent généralement leur représentation par un dessin. C'est une étape cohérente si le dessin correspond à la tâche à accomplir. Mais, parfois, l'élève accorde plus de temps aux détails qu'au sens mathématique de la situation. Passer du dessin au schéma correspond à une progression (recodage de la situation). Cela ne peut se faire que si l'élève arrive à catégoriser et à rentrer la situation travaillée dans un cadre plus générique, par exemple, lorsqu'il représente le nombre de moutons dans un problème par de simples ronds, tout comme il le ferait pour un problème demandant de compter des fruits… Cet usage d'une convention doit être explicité pour être partagé par tous.

Le schéma, en épurant la représentation, allège la tâche et facilite la mémorisation d'une procédure. Plusieurs propositions de représentation sont faites dans la méthode (en annexes, p. 188).

3. Résolution du problème : la mise en équation du problème étant faite, il reste sa résolution finale, correspondant souvent à un ou plusieurs calculs. Les élèves peuvent alors agir avec les outils dont ils expriment le besoin. On pourra prendre l'habitude de procéder à la vérification du résultat obtenu avec la calculatrice.

Cette modélisation donnera lieu à la constitution d'une affiche de classe qui reprendra les différentes étapes :

dessin → schéma → représentation mathématique

Sous cette affiche, on laissera un espace libre. Lors de la résolution des problèmes qui suivront dans les semaines et mois à venir, les élèves pourront venir coller dans cet espace l'énoncé des problèmes qui pour eux correspondent à ce schéma. La mise en œuvre concrète de cette catégorisation doit leur permettre d'installer en mémoire la procédure et de viser son automatisation.

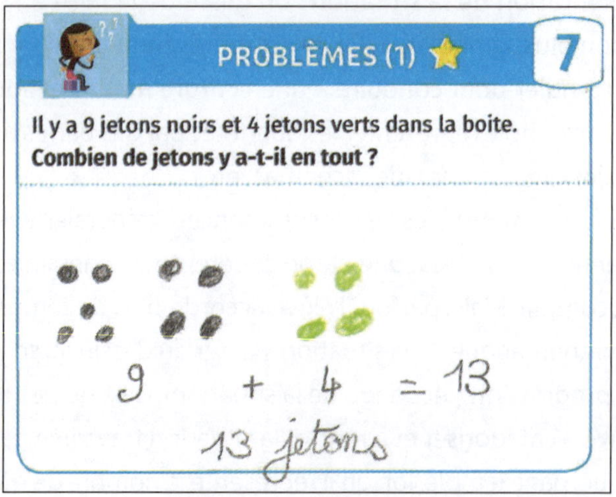

Exemple de modélisation en CP.

Situations d'apprentissage

Les situations d'apprentissage peuvent être de plusieurs ordres.

⇨ Les situations de découverte

Elles sont dédiées à la découverte d'une procédure de calcul réfléchi, d'une nouvelle notion ou d'un nouvel outil.

Le choix de la « bonne » situation est fondamental. Les variables didactiques de la situation doivent être pensées en amont pour permettre une différenciation dans l'instant. Parfois, la situation ne permettra pas à certains élèves d'accéder à l'objectif. Il faudra alors reprendre sans tarder une situation différente visant le même objectif. Cela pourra se faire lors de la séance de régulation.

L'enseignant commence par une mise en situation :

– rappeler les connaissances antérieures déjà vues en lien avec la suite ;

– indiquer aux élèves le contenu qui va être abordé. La présentation claire des contenus d'apprentissage est une étape clé. Les élèves doivent savoir ce qu'ils vont apprendre. Pour solliciter leur réflexion, on peut utiliser une question. Par exemple : « Comment peut-on additionner 9 à n'importe quel nombre et sans calculatrice ? » ;

– préciser que l'on apprend quelque chose de nouveau ou que l'on s'entraine sur une notion déjà apprise ;

– expliciter ce qu'on va apprendre : « À la fin je serai capable de… », avec des mots compréhensibles et accessibles pour les élèves.

Puis, la situation problème de recherche est posée collectivement. Les élèves se l'approprient seuls ou à plusieurs. Tout le matériel de manipulation nécessaire est laissé aux élèves. Ils peuvent échanger et débattre. L'enseignant observe le travail, fait verbaliser, étaye. Il faut laisser du temps aux élèves.

Une synthèse de la recherche est menée par l'enseignant, collectivement. Le choix des différentes propositions des élèves est important. C'est à l'enseignant de choisir habilement l'ordre de présentation des procédures qu'il a observées lors de la phase de recherche. L'échange et le débat collectif doivent permettre la compréhension de la notion en jeu. Pour renforcer cette compréhension, l'enseignant fournit des exemples, mais aussi des contre-exemples.

Ce temps s'achèvera par la présentation de l'enseignant d'une ou plusieurs procédures répondant au problème. Il faut passer de la phase de recherche à un apprentissage, en décontextualisant.

L'enseignant modélise alors l'apprentissage, en ayant recours à toutes les aides visuelles nécessaires et utiles (dessin au tableau, collage d'objets aimantés, etc.), comme il procède pour la résolution de problèmes.

Cette modélisation est ensuite appuyée par un ou deux exemples pour permettre une appropriation de la notion travaillée et son transfert par la suite. Cette phase donnera souvent lieu à la rédaction d'une trace écrite, en vue d'un affichage collectif et d'un support individuel dans les cahiers. Les élèves pourront ainsi s'y référer au cours des séances suivantes.

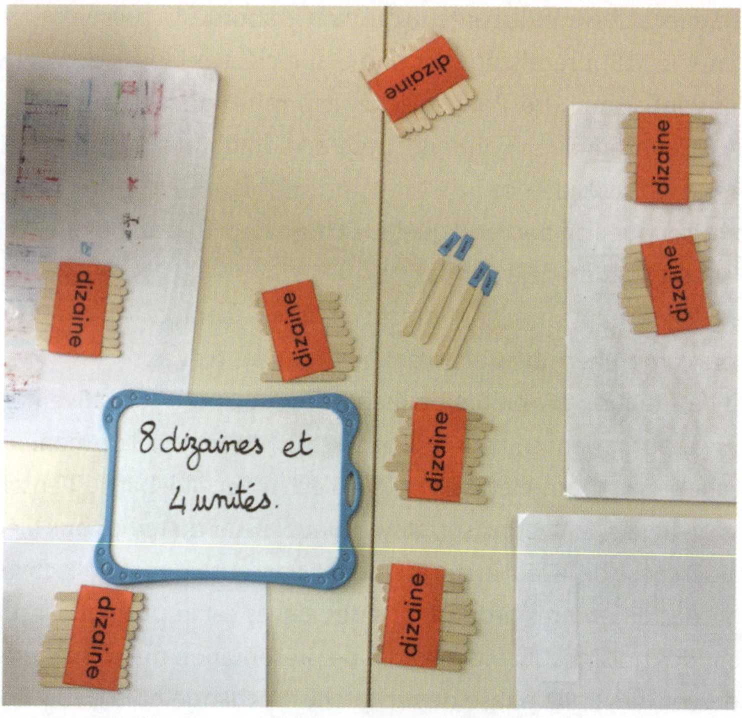

Exemple d'activité d'apprentissage en CP.

⇨ Les activités d'entrainement et de renforcement

Suite aux situations de découverte ou sur la totalité du temps d'apprentissage, un temps d'entrainement permet de stabiliser et d'installer en mémoire les procédures et les savoirs découverts précédemment. Ce temps est soit dirigé par l'enseignant qui veille à la bonne compréhension des procédures, soit il est conduit en autonomie. Pour cela, la méthode MHM propose des modalités variées de mise en œuvre : les exercices pourront se faire seuls, en binôme ou en groupe, sous forme de jeux, d'exercices à copier dans le cahier, etc.

Plusieurs **corrections** sont alors possibles :

– la correction collective. Elle demande de la prudence, car elle ne génère que peu d'intérêt, ne mobilisant pas les élèves en difficulté et n'intéressant pas les bons élèves qui ont bien souvent déjà parfaitement réussi la tâche donnée. On pourra par exemple expliciter un cas, mais pas tous, solliciter un élève pour expliquer à une partie de la classe tandis que l'enseignant se concentre sur le groupe d'élèves en difficulté, etc. ;

– la mise en commun en petit groupe avec une régulation interne au groupe ;

– une autocorrection avec un outil connu (calculatrice par exemple) ;

– une correction individuelle par l'enseignant en dialogue avec l'élève. Il faut toutefois bannir l'attente au bureau de l'enseignant ou les cahiers emportés à la maison ! ;

– la correction par un pair.

⇨ Les temps d'évaluation

Un temps peut être utilisé pour l'évaluation, qu'elle soit sommative, ou formative. On utilisera alors le tableau des apprentissages. Pour ceux qui ont choisi de fonctionner avec des ceintures de compétences, ce sera le moment de faire le point sur leur progression individuelle.

E Les séances de régulation

La méthode propose régulièrement des **séances de régulation**. Le contenu de ces séances est à construire par l'enseignant.

Elles sont inscrites dans la progression à des moments clés : après la découverte d'une notion, après une série de séances dont les contenus peuvent être denses…

Les objectifs de ces séances sont divers :

– terminer ce qui ne l'a pas été, car une classe ne ressemble pas à une autre et la gestion du temps reste toujours complexe : certains exercices n'ont pas été finis ou mériteraient un approfondissement ;

– travailler en groupe de besoins avec quelques élèves sur le point le plus problématique (élèves repérés par les observations quotidiennes de l'enseignant), pendant que les autres élèves sont en autonomie (grâce aux mini-fichiers et aux jeux de la méthode). Cela permet de revoir des procédures (en lien avec les mini-fichiers), leur tableau d'apprentissage (évaluations), d'avoir un entretien avec l'élève… ;

– utiliser les mini-fichiers et les jeux ;

– utiliser les compléments et les outils numériques proposés dans la méthode pour venir consolider un apprentissage.

Pendant ces séances, les enseignants peuvent recourir à d'autres outils et matériels que ceux proposés dans MHM, car il existe une multitude d'autres outils pertinents.

Des indications sont données à chaque séance de régulation pour aider l'enseignant à la construire. C'est **l'un des points forts** de la méthode : programmer dans la semaine des temps réguliers de médiation, d'aide aux élèves en difficulté. Ces séances fonctionnent très bien, permettant en outre à chaque enseignant de personnaliser la méthode avec ses propres outils. Elles permettent de réguler les apprentissages au fur et à mesure et offrent des moments d'échanges privilégiés avec les élèves.

F Concrètement

Tous les documents relatifs à la méthode MHM sont accessibles sur le site :

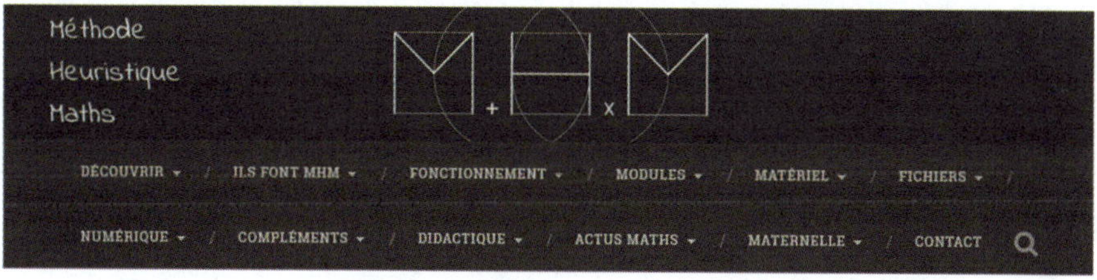

https://methodeheuristique.com

Les menus donnent accès aux différentes ressources à disposition. Dans l'onglet « Modules », vous pouvez accéder, pour chaque niveau, à l'ensemble des documents. Une fois téléchargés, vous disposez d'un dossier par module contenant le déroulé du module et **les documents nécessaires (dossier zip à télécharger)**, à l'exception du matériel, des jeux et des mini-fichiers que l'on retrouve dans les autres menus du site.

Vous pouvez également acheter l'ensemble de ces ressources aux **éditions Nathan**[4].

4. Cf. mhm.nathan.fr.

Présentation des modules

Les guides des séances par niveau ou double niveau se présentent toujours de la même façon. On trouve pour chaque module :

1. Les **objectifs** majeurs du module et la liste du **matériel**, avec un codage simple :

 ou + = Matériel/Fiche/document spécifique au module

 ou @ = Jeu

 ou # = Mini-fichier

2. Une page « **Ce qu'il faut savoir** » qui explicite des points spécifiques et fait des apports théoriques et didactiques.

3. Le **guidage des séances** à proprement parler.

• La séance est séparée selon les différents temps : *activités ritualisées*, *calcul mental*, *résolution de problèmes*, *apprentissage*.

• Chaque temps de la séance est séparé en deux parties pour les cours doubles : par exemple pour le CP/CE1, la partie gauche correspond au CP et la partie droite au CE1. Cela demande d'adapter sa passation des consignes : il faut s'habituer à donner parfois deux consignes en même temps. Dans cette configuration, une exigence de rigueur auprès des élèves est nécessaire. Parfois, on peut déléguer cette partie à un élève, autonome, qui guidera le groupe à sa charge. Cela fonctionne bien, responsabilise les élèves et les oblige à s'écouter.

• Le codage « (x 3) » signifie que l'activité désignée doit être faite trois fois de suite. On peut être tenté d'en faire plus, mais le risque est de faire durer la séance beaucoup plus longtemps que prévu. Ces activités reviendront à d'autres moments, alors rassurez-vous ou revenez-y en séance de régulation !

• Les informations du type « nombres entre 1 et 20 » signifient que vous avez le choix des nombres pour l'activité proposée. Cela vous permet de différencier, en choisissant les nombres les plus adéquats.

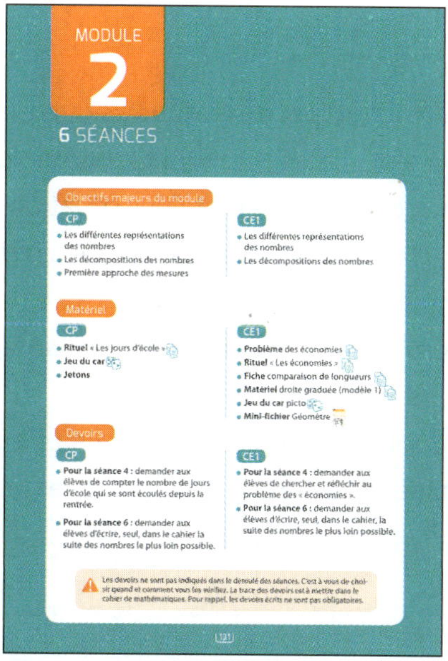

MODULE 2

6 SÉANCES

Objectifs majeurs du module

CP
- Les différentes représentations des nombres
- Les décompositions des nombres
- Première approche des mesures

CE1
- Les différentes représentations des nombres
- Les décompositions des nombres

Matériel

CP
- **Rituel** « Les jours d'école »
- **Jeu du car**
- **Jetons**

CE1
- **Problème** des économies
- **Rituel** « Les économies »
- **Fiche** comparaison de longueurs
- **Matériel** droite graduée (modèle 1)
- **Jeu du car** picto
- **Mini-fichier** Géomètre

Devoirs

CP
- **Pour la séance 4 :** demander aux élèves de compter le nombre de jours d'école qui se sont écoulés depuis la rentrée.
- **Pour la séance 6 :** demander aux élèves d'écrire, seul, dans le cahier la suite des nombres le plus loin possible.

CE1
- **Pour la séance 4 :** demander aux élèves de chercher et réfléchir au problème des « économies ».
- **Pour la séance 6 :** demander aux élèves d'écrire, seul, dans le cahier, la suite des nombres le plus loin possible.

Les devoirs ne sont pas indiqués dans le déroulé des séances. C'est à vous de choisir quand et comment vous les vérifiez. La trace des devoirs est à mettre dans le cahier de mathématiques. Pour rappel, les devoirs écrits ne sont pas obligatoires.

131

1. Les objectifs du module et le matériel.

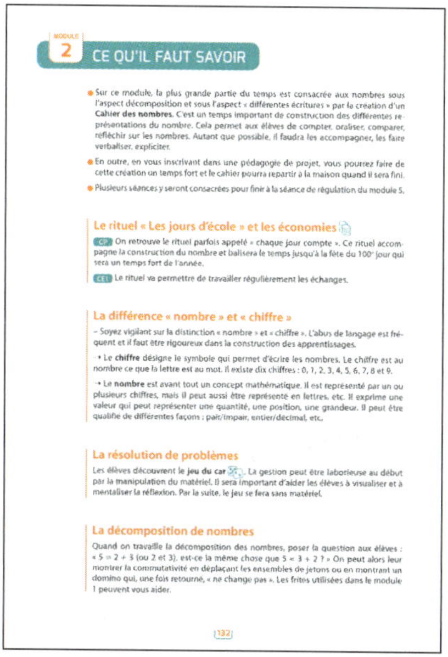

MODULE 2 CE QU'IL FAUT SAVOIR

- Sur ce module, la plus grande partie du temps est consacrée aux nombres sous l'aspect décomposition et sous l'aspect « différentes écritures » par la création d'un **Cahier des nombres**. C'est un temps important de construction des différentes représentations du nombre. Cela permet aux élèves de compter, oraliser, comparer, réfléchir sur les nombres. Autant que possible, il faudra les accompagner, les faire verbaliser, expliciter.
- En outre, en vous inscrivant dans une pédagogie de projet, vous pourrez faire de cette création un temps fort et le cahier pourra repartir à la maison quand il sera fini.
- Plusieurs séances y seront consacrées pour finir à la séance de régulation du module 5.

Le rituel « Les jours d'école » et les économies

CP On retrouve le rituel parfois appelé « chaque jour compte ». Ce rituel accompagne la construction du nombre et balisera le temps jusqu'à la fête du 100e jour qui sera un temps fort de l'année.

CE1 Le rituel va permettre de travailler régulièrement les échanges.

La différence « nombre » et « chiffre »

– Soyez vigilant sur la distinction « nombre » et « chiffre ». L'abus de langage est fréquent et il faut être rigoureux dans la construction des apprentissages.

→ Le **chiffre** désigne le symbole qui permet d'écrire les nombres. Le chiffre est au nombre ce que la lettre est au mot. Il existe dix chiffres : 0, 1, 2, 3, 4, 5, 6, 7, 8 et 9.

→ Le **nombre** est avant tout un concept mathématique. Il est représenté par un ou plusieurs chiffres, mais il peut aussi être représenté en lettres, etc. Il exprime une valeur qui peut représenter une quantité, une position, une grandeur. Il peut être qualifié de différentes façons : pair/impair, entier/décimal, etc.

La résolution de problèmes

Les élèves découvrent le **jeu du car**. La gestion peut être laborieuse au début par la manipulation du matériel. Il sera important d'aider les élèves à visualiser et à mentaliser la réflexion. Par la suite, le jeu se fera sans matériel.

La décomposition de nombres

Quand on travaille la décomposition des nombres, poser la question aux élèves : « 5 = 2 + 3 (ou 2 et 3), est-ce la même chose que 5 = 3 + 2 ? » On peut alors leur montrer la commutativité en déplaçant les ensembles de jetons ou en montrant un domino qui, une fois retourné, « ne change pas ». Les frites utilisées dans le module 1 peuvent vous aider.

132

2. Ce qu'il faut savoir.

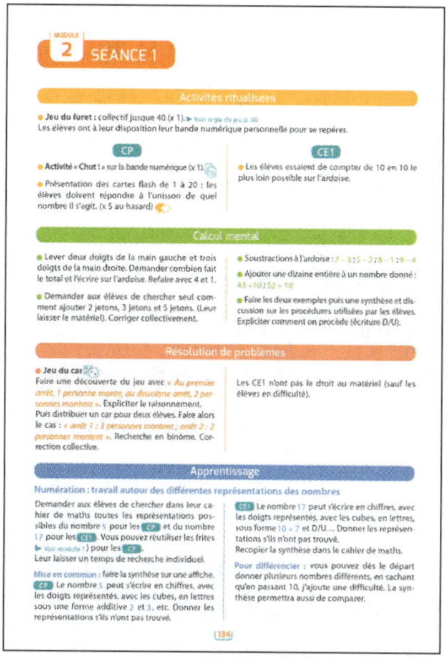

MODULE 2 SÉANCE 1

Activités ritualisées

- **Jeu du furet :** collectif jusque 40 (x 1). ▶ Voir règle du jeu p. 90

Les élèves ont à leur disposition leur bande numérique personnelle pour se repérer.

CP
- **Activité** « **Chut !** » sur la bande numérique (x 1).
- Présentation des cartes flash de 1 à 20 : les élèves doivent répondre à l'unisson de quel nombre il s'agit. (x 5 au hasard)

CE1
- Les élèves essaient de compter de 10 en 10 le plus loin possible sur l'ardoise.

Calcul mental

- Lever deux doigts de la main gauche et trois doigts de la main droite. Demander combien fait le total et l'écrire sur l'ardoise. Refaire avec 4 et 1.
- Demander aux élèves de chercher seul comment ajouter 2 jetons, 3 jetons et 5 jetons. (Leur laisser le matériel). Corriger collectivement.
- Soustractions à l'ardoise : 7 – 3 ; 5 – 2 ; 8 – 1 ; 9 – 4
- Ajouter une dizaine entière à un nombre donné : 43 + 10 ; 52 + 10
- Faire les deux exemples puis une synthèse et discussion sur les procédures utilisées par les élèves. Expliciter comment on procède (écriture D/U).

Résolution de problèmes

- **Jeu du car**

Faire une découverte du jeu avec « *Au premier arrêt, 1 personne monte, au deuxième arrêt, 2 personnes montent* ». Expliciter le raisonnement. Puis distribuer un car pour deux élèves. Faire alors le cas : « *arrêt 1 : 3 personnes montent ; arrêt 2 : 2 personnes montent* ». Recherche en binôme. Correction collective.

Les CE1 n'ont pas le droit au matériel (sauf les élèves en difficulté).

Apprentissage

Numération : travail autour des différentes représentations des nombres

Demander aux élèves de chercher dans leur cahier de maths toutes les représentations possibles du nombre 5 pour les CP et du nombre 17 pour les CE1. Vous pouvez réutiliser les frites (▶ Voir module 1) pour les CP.
Leur laisser un temps de recherche individuel.

Mise en commun : faire la synthèse sur une affiche.
CP Le nombre 5 peut s'écrire en chiffres, avec les doigts représentés, avec les cubes, en lettres sous une forme additive 2 et 3, etc. Donner les représentations s'ils n'ont pas trouvé.

CE1 Le nombre 17 peut s'écrire en chiffres, avec les doigts représentés, avec les cubes, en lettres, sous forme 10 + 7 et D/U… Donner les représentations s'ils n'ont pas trouvé.
Recopier la synthèse dans le cahier de maths.

Pour différencier : vous pouvez dès le départ donner plusieurs nombres différents, en sachant qu'en passant 10, j'ajoute une difficulté. La synthèse permettra aussi de comparer.

134

3. Le guidage des séances.

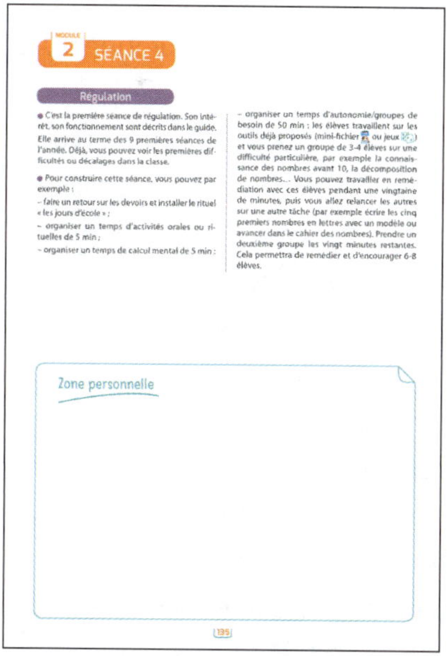

MODULE 2 SÉANCE 4

Régulation

- C'est la première séance de régulation. Son intérêt, son fonctionnement sont décrits dans le guide. Elle arrive au terme des 9 premières séances de l'année. Déjà, vous pouvez voir les premières difficultés ou décalages dans la classe.
- Pour construire cette séance, vous pouvez par exemple :

– faire un retour sur les devoirs et installer le rituel « les jours d'école » ;
– organiser un temps d'activités orales ou rituelles de 5 min ;
– organiser un temps de calcul mental de 5 min ;
– organiser un temps d'autonomie/groupes de besoin de 50 min : les élèves travaillent sur les outils déjà proposés (mini-fichier ou jeux) et vous prenez un groupe de 3-4 élèves sur une difficulté particulière, par exemple la connaissance des nombres avant 10, la décomposition de nombres… Vous pouvez travailler en remédiation avec ces élèves pendant une vingtaine de minutes, puis vous allez relancer les autres sur une autre tâche (par exemple écrire les cinq premiers nombres en lettres avec un modèle ou avancer dans le cahier des nombres). Prendre un deuxième groupe les vingt minutes restantes. Cela permettra de remédier et d'encourager 6-8 élèves.

Zone personnelle

135

4. Les séances de régulation.

Exemple de module en CP/CE1.

G Les outils de manipulation

La méthode heuristique offre une **variété d'outils et de matériels** pour que les élèves s'approprient les différents concepts. Ils découvriront l'ensemble des outils **au fur et à mesure de l'année scolaire**. Dans certaines situations d'apprentissage, ils seront libres de prendre l'outil le plus adapté pour les aider. Pour les élèves les plus en difficulté, ce choix est toujours difficile. L'aide de l'enseignant sera donc nécessaire pour proposer le matériel le plus adapté, au regard des compétences des élèves observées antérieurement.

Parmi ces outils, certains servent à apporter un support visuel. En effet, expliquer en combinant la parole et les aides visuelles donne aux élèves les moyens de lier les informations.

La bande numérique

C'est un outil préalable à la droite graduée qui offre la première représentation linéaire de la suite des nombres. Elle permet de retrouver l'écriture chiffrée d'un nombre prononcé, en défilant de case en case. C'est pour cette raison qu'elle commence à 1 et non à 0.

Pour éviter de mauvaises représentations, on peut visualiser et verbaliser aussi bien l'aspect ordinal que l'aspect cardinal des nombres : le doigt posé sur la case « 7 » représente la 7e case que l'on a comptée, mais aussi les 7 premières cases (en montrant physiquement la quantité avec la main ou en posant en dessous un rectangle de la même longueur).

La bande horizontale est difficile à appréhender pour certains élèves, car implicitement elle suppose le sens de lecture gauche-droite. Une bande verticale est donc proposée et permet de travailler les mêmes notions que la bande horizontale, mais avec un rapport au langage différent. Sur la bande horizontale, le nombre est plus grand qu'un autre s'il est plus loin. Sur la bande verticale, le nombre sera plus grand s'il est plus haut.

La droite graduée

Cet outil sera utile sur l'ensemble des cycles. La droite graduée va servir pour l'apprentissage des propriétés des fractions et des nombres décimaux, et permettra de faire le lien avec les apprentissages sur les mesures. Elle facilite le choix d'une unité différente selon l'usage visé.

L'élève prend conscience d'une différence essentielle entre la bande numérique et la droite graduée. Sur la droite graduée, il y a un pas pour la graduation : elle peut avancer de 1 en 1, de 10 en 10… et d'autres nombres existent entre les graduations.

Le matériel de numération

Un matériel est nécessaire pour aider à la compréhension de notre système de numération, particulièrement les principes d'échange. On utilise le petit cube pour l'unité, une barre pour la dizaine, une plaque pour la centaine (équivalent à dix barres collées), un cube pour le millier…

Le principe d'échange (une dizaine = 10 unités, 1 centaine = 10 dizaines = 100 unités) est fondamental dans la compréhension de notre numération, pour ne pas se limiter au seul travail de notre numération positionnelle. Les élèves doivent pouvoir considérer ces différentes représentations équivalentes (1 centaine = 10 dizaines = 100 unités).

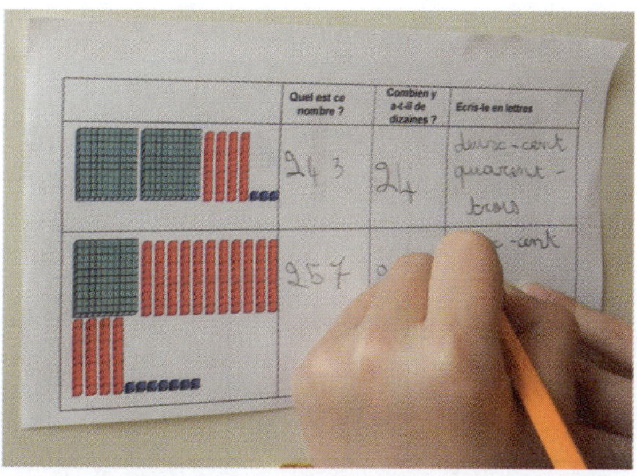

Activité sur feuille avec matériel de numération à disposition.

➩ Est-ce que la couleur des différents éléments est importante pour le matériel de numération en base 10 et les abaques ?

En théorie, le matériel pourrait (devrait) être de la même couleur pour permettre l'accès à l'abstraction. Toutefois, afin d'offrir des repères aux élèves en difficulté, des choix de couleur ont été faits dans la méthode, ce qui doit permettre de faire le lien entre les objets et les écritures abstraites. Il faudra tout de même veiller à ce que l'élève s'en détache progressivement.

Il est important que l'on garde la même désignation de couleur (unité bleue, dizaine rouge, centaine verte) sur tous les documents (affichages, traces), mais cela ne pose pas de soucis pour le matériel de manipulation d'avoir des couleurs différentes.

Vous disposez des documents modifiables sur le site MHM, donc vous pouvez changer si cela vous parait nécessaire.

Le tableau de numération

Cet outil est très utilisé dans les classes. Le tableau est divisé en plusieurs colonnes : unités, dizaines, centaines… Il sera présenté progressivement, jusqu'à l'introduction de la partie décimale en CM. Il a sa place dans la méthode MHM, à double titre : il offre une visualisation directe des échanges (1 millier = 1 000 unités) et fait le lien avec les mesures et les conversions.

Dans les exercices de décomposition et recomposition des nombres, il sera un support utile pour certains élèves.

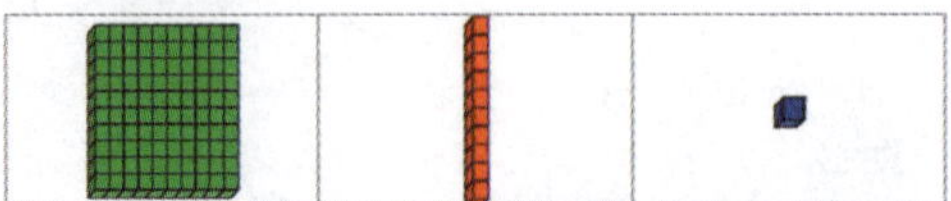

centaine	dizaine	unité
C	D	U

Le tableau de numération en CE1.

Le calepin des nombres

Ce calepin est un autre mode de représentation des nombres. Il permet de fabriquer les nombres en faisant tourner les pages. L'ajout de la représentation des nombres en barres de dizaines et cubes unités est un plus qui s'est avéré utile.

C'est un outil de lecture des nombres, mais il peut aussi servir à comprendre ce qui se passe lorsqu'on fait « + 10 » (on verra visuellement qu'on a ajouté une dizaine) lorsqu'on additionne des nombres, etc.

Le calepin des nombres CE1.
Pour sa fabrication, je conseille de plastifier les feuilles avant de les relier.

Les abaques

Les abaques sont utiles dans la construction de la numération. Elles présentent de nombreux avantages et permettront de travailler les échanges et regroupements. Elles apparaissent en CP après la mise en œuvre du jeu du banquier.

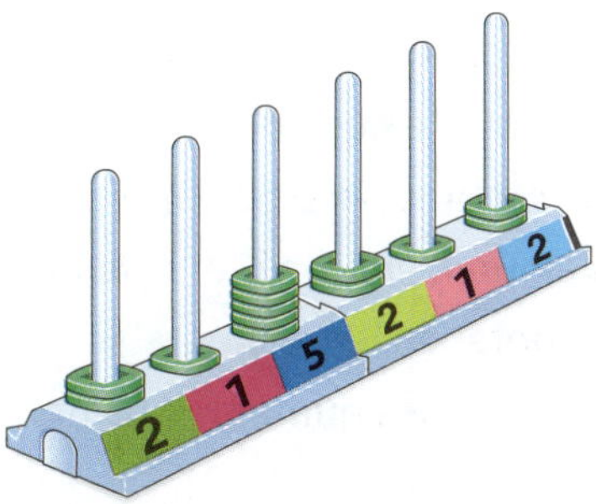

Le tableau des nombres

Il va concerner essentiellement les CP. C'est une autre représentation de la suite des nombres qui montre son organisation et sa construction : j'ajoute une unité pour passer à la colonne de droite et une dizaine pour passer à la ligne inférieure.

Les cartons mots nombre

Ce sont les étiquettes correspondant aux mots permettant d'écrire tous les noms des nombres.

Au cycle 2, il y a **24 mots nombre** qui sont à utiliser : *zéro, un, deux, trois, quatre, cinq, six, sept, huit, neuf, dix, onze, douze, treize, quatorze, quinze, seize, vingt(s), trente, quarante, cinquante, soixante, cent(s)* et *mille*.

Le mot *zéro* ne désigne que le nombre 0 alors que tous les autres peuvent servir à écrire plusieurs nombres par association.

Au cycle 3, il faudra ajouter : *million(s)* et *milliards*.

Pour l'écriture des nombres en lettres, les règles de l'orthographe rectifiée de 1990 sont de rigueur. Ainsi, les numéraux composés sont systématiquement reliés par des traits d'union.

Par exemple : *trente-et-un, deux-cent-mille, neuf-centièmes.*

Cela présente un avantage de compréhension sur le sens : l'élève en CM pourra distinguer « *vingt-et-un-dixièmes* » et « *vingt* et *un dixième* ».

L'apprentissage de l'orthographe de ces mots nombres fait partie des apprentissages visés au cycle 2. On le construira en mathématiques et lors des séances de maitrise de la langue.

Les cartons nombres

On les appelle souvent « cartons Montessori ». Ils offrent une autre représentation des nombres et font le lien entre l'**écriture positionnelle en chiffres du nombre et la lecture de ce nombre** (basée sur une numération de type additive et multiplicative). Par exemple, quand l'élève entend « soixante-dix-huit », il prend les cartons correspondant à « soixante », à « dix » et à « huit » et les superpose. Il peut voir alors concrètement qu'il y a 8 unités et 7 dizaines (6 + 1). Ce matériel lui permet alors aussi de construire la décomposition du nombre : 78 = 60 + 18 = 70 + 8.

On peut aussi adjoindre à ce matériel les cartons noms de nombre pour faire le lien.

Fabriquer 72 avec les cartons nombres.

On pourra les utiliser en **cycle 3** pour travailler sur les grands nombres et mieux comprendre l'écriture de grands nombres comportant de nombreux zéros, comme « 1 025 108 », puis pour travailler la partie décimale.

La boite à problèmes

La boite à problèmes contient du matériel divers et varié pour aider les élèves à représenter les problèmes qu'ils vont rencontrer. On y trouve par exemple des jetons, de la ficelle, des petites boites, des personnages, du papier, des crayons, des dés, etc.

Les autres supports

Dans l'année, d'autres matériels seront utilisés, comme la monnaie (utile pour travailler sur la numération) ou des brochettes et de la pâte à modeler (pour construire des solides).

Fabrication de solides avec des cure-dents et de la pâte à modeler.

Les legos

Ils sont proposés dans la méthode comme **matériel alternatif en cycle 2** afin d'étayer ou de compléter certaines séances de numération. Vous pourrez y avoir recours en remplacement d'une activité similaire, par exemple « les frites » en CP.

En cycle 3, ils seront utilisés pour travailler sur les fractions ou à d'autres occasions. Ils peuvent servir à :

- composer/décomposer (exemple : 6 c'est 4 + 2 mais aussi 3 + 3) ;
- matérialiser les dizaines, les unités ;
- travailler les doubles et les moitiés ;
- comprendre que 6 c'est 1 + 1 + 1 + 1 + 1 + 1 (6 fois) ;
- comparer (exemple : 4 < 9) ;
- additionner/soustraire (exemple : 6 + 6 = 12) ;
- faire l'inventaire des compléments à un nombre donné ;
- illustrer visuellement la multiplication ;
- travailler sur la symétrie.

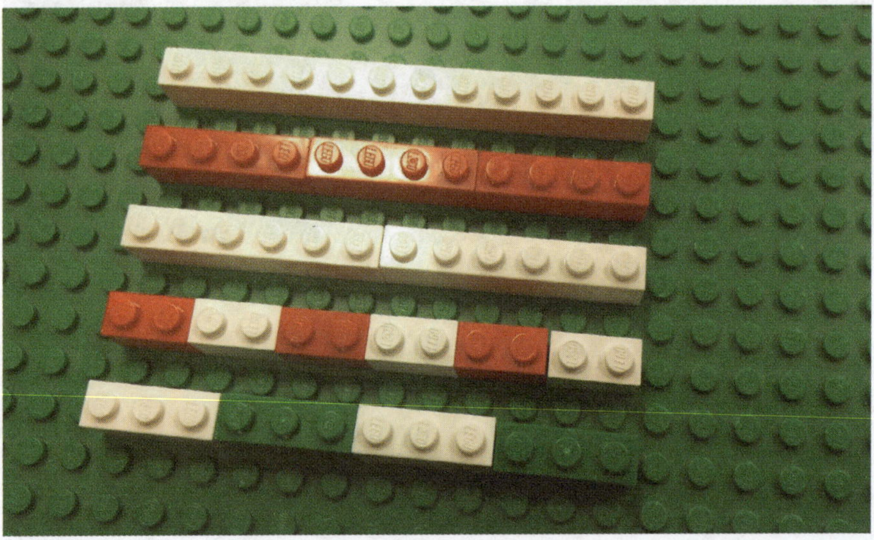

Décompositions additives/multiplicatives de 12.

H Les supports pédagogiques

Le cahier de mathématiques

Dans le cadre de la mise en œuvre de la méthode MHM, je vous conseille l'utilisation de deux cahiers petit format :

– un cahier de 48 pages pour les leçons qui suivra l'élève sur la totalité du cycle ;

– un cahier d'exercices dans lequel l'élève écrit ses dictées de nombres, son calcul mental, les traces de ses recherches, colle des fiches d'exercices de numération ou de géométrie, etc.

Du CP au CM2, deux cahiers de 96 pages sont nécessaires environ. Il s'agit de collage de documents, mais aussi de traces de recherches, d'exercices écrits, etc. Le cahier du jour traditionnel peut éventuellement remplacer ce cahier d'exercices.

Les mini-fichiers

La méthode s'appuie sur des mini-fichiers papier (format A5). Ils ciblent des compétences particulières et servent d'entrainement et de renforcement des compétences. Ils sont basés sur le principe d'une progression, les premières fiches étant volontairement faciles pour comprendre le principe, la consigne et mettre les élèves en réussite. Les mini-fichiers ont été conçus pour que l'élève travaille à son rythme (donc on suit l'ordre !), selon son niveau de compétences, en autonomie. L'objectif est que les élèves fassent au moins la moitié des mini-fichiers sur l'année scolaire, l'autre moitié étant destinée à différencier.

Ces mini-fichiers sont au nombre de 12 à 14 selon les niveaux. Ils sont à imprimer en mode « livret », au format A5[5]. Ce format est attrayant pour les élèves. Ils ont l'impression d'avoir de nombreux livrets de travail ludiques. Ils se les approprient avec plaisir et motivation.

5. Ou vous pouvez également les acheter aux éditions Nathan : mhm.nathan.fr.

Leur présentation est volontairement très accessible : le superflu a été éliminé, leur présentation est homogénéisée, l'écrit est limité au strict minimum. C'est pourquoi ces fichiers peuvent revendiquer être l'une des clés de l'autonomie dans la méthode MHM et permettent aux élèves de réaliser de nombreux exercices sur une temporalité longue.

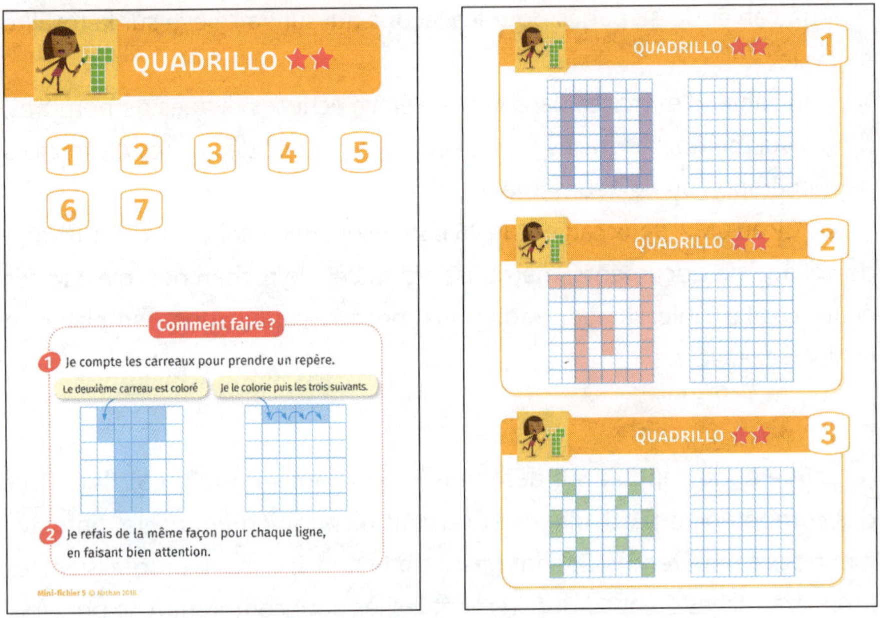

Exemple du mini-fichier Quadrillo en CE1.

Ces livrets représentent une quantité non négligeable de photocopies de la partie consommable de la méthode.

Pour les ranger, je suggère l'utilisation de porte-vues A5. Un porte-vues par élève pour ranger l'ensemble des fichiers de l'année. Toutefois, ils ne sont pas toujours faciles à trouver chez les fournisseurs. On peut alors :

– utiliser une pochette à rabats ;

– utiliser une enveloppe Kraft A5 ;

– les perforer et les ranger dans un classeur A5 ;

– les acheter dans leur pochette individuelle pour chaque élève aux éditions Nathan.

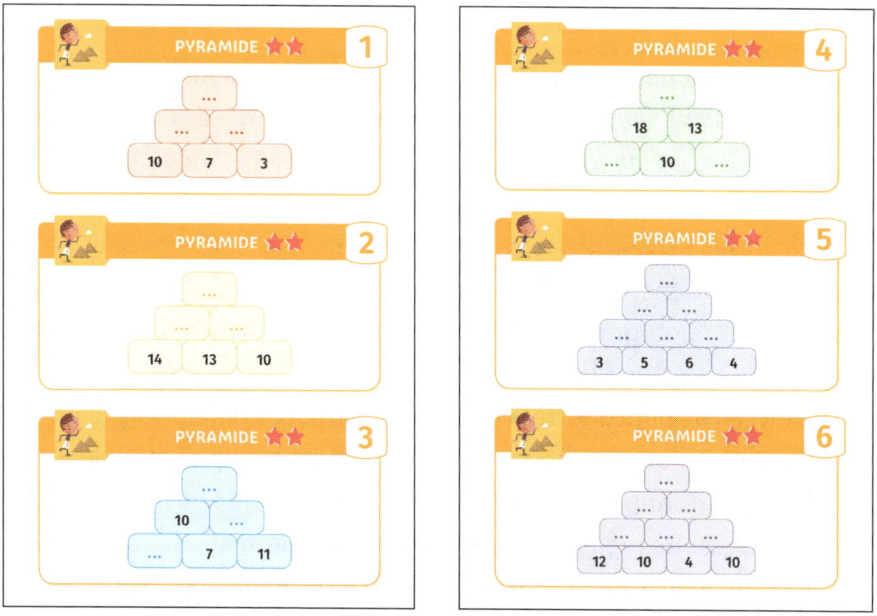

Exemple du mini-fichier Pyramide en CE1.

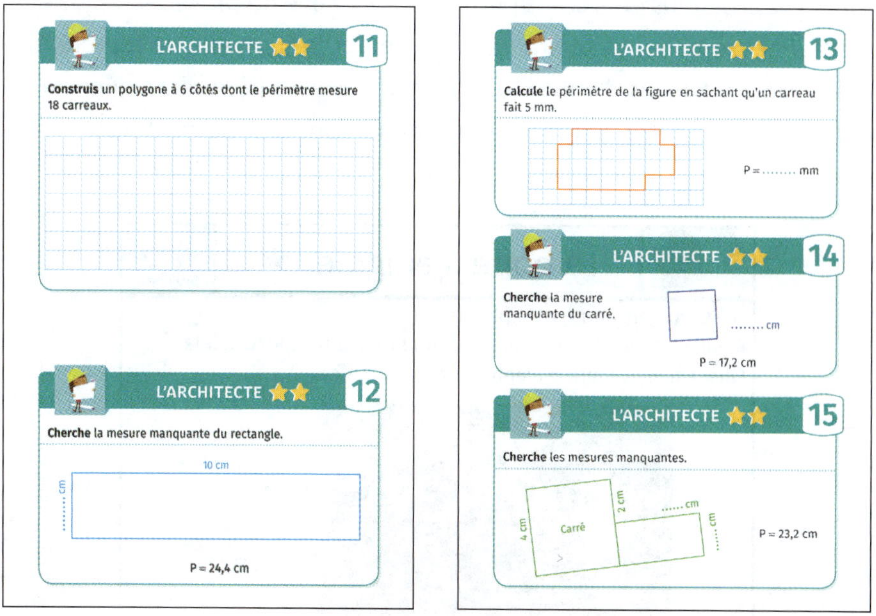

Exemple du mini-fichier Architecte en CM2.

La boite à énigmes

Cette boite à énigmes sera introduite dans un module au cours d'une séance spécifique. Elle ne démarre qu'en deuxième partie d'année au cycle 2 (afin que l'élève puisse avoir accès à la lecture et à la méthodologie de résolution de problèmes).

Ni tout à fait fichier, ni tout à fait jeu, la boite à énigmes propose une série de problèmes numériques plus ou moins complexes, construits notamment autour d'une photographie. Celle-ci peut simplement servir d'illustration ou être indispensable à la résolution du problème. Les problèmes proposés ont un niveau de difficulté très varié, ce qui permet de différencier à tous les niveaux. L'utilisation de la boite est proposée dans quelques modules, mais les élèves pourront piocher tout au long de l'année de nouvelles énigmes lors des séances de régulation ou en activité de délestage.

Contrairement aux mini-fichiers, il n'y a pas de progression. Les numéros des problèmes sont indicatifs et sans rapport avec la difficulté. La feuille de route propose plusieurs cases permettant à l'élève de procéder à plusieurs essais. Par exemple, il peut prendre l'énigme 13, la lire, ne pas la comprendre et la reposer. Il a alors l'obligation de cocher la case pour témoigner qu'il a essayé une fois cette énigme. Les solutions sont uniquement destinées à l'enseignant pour vérifier rapidement la proposition d'un élève.

La boite à énigmes ★	19

A – Combien y a-t-il d'éléphants ?
B – Il manque 18 éléphants pour que tout le troupeau soit là.
Quel est le nombre d'éléphants de ce troupeau ?

Les outils numériques

La méthode propose l'utilisation d'outils numériques. À quelques séances près, ils sont proposés en compléments, car toutes les classes ne disposent pas d'un matériel fonctionnel et disponible. Pourtant, il serait nécessaire que toute classe dispose *a minima* d'un matériel de visualisation collective qui offre une plus-value directe à la pédagogie (vidéoprojecteur, TBI…), mais aussi d'une ou deux tablettes, outils pratiques pour visualiser rapidement une animation ou une vidéo par exemple.

Ces outils vont permettre, selon les cas, d'atténuer la charge cognitive inutile, de proposer des rétroactions systématiques, d'illustrer une procédure… Ils doivent répondre à **plusieurs critères** : être faciles à utiliser, tant pour l'enseignant que pour l'élève, être accessibles, laisser une trace ou venir en lien direct avec l'activité de classe.

Leur utilisation n'est pas indiquée dans les modules : c'est à vous d'en juger la pertinence. Les outils numériques trouvent aussi toute leur place dans les séances de régulation.

Ces compléments numériques sont :

– **de type « outil »** : ils offrent des représentations, des visualisations des notions travaillées (par exemple voir un patron de solide qui se déplie en 3D, une balance virtuelle…). L'aspect animé est fort intéressant pour développer la pensée visuelle ;

– **de type « exerciseur »** : pour que l'élève s'entraine et dispose d'un feedback automatique (par exemple sur les compléments à 10, les tables, les décompositions de nombres…) ;

– **de type « pour aller plus loin »** : ils offrent alors d'autres activités pour les élèves particulièrement en avance.

I La gestion du temps

Le facteur temps est important au regard de la réussite des élèves. Quand on leur dispense un enseignement uniformisé, on est vite confronté à un fonctionnement de classe gaussien :

– un petit nombre d'élèves est en grande difficulté, souvent incapable de réaliser les tâches demandées sans aide ;

– un « noyau mou » d'élèves suit peu ou prou, obtenant des réussites moyennes et demandant l'étayage de l'enseignant pour avancer ;

– un petit nombre d'élèves est en grande réussite et mène à bien les tâches demandées, souvent très rapidement ce qui oblige à les « occuper ».

L'objectif de la méthode est aussi de changer ce fonctionnement typique de classe et d'insister ainsi sur la **valorisation des progrès de chacun**. Elle va donner le temps et surtout les moyens aux élèves les plus en difficulté d'avancer et de construire leur autonomie, et permettre aux élèves les plus performants d'approfondir leurs apprentissages et de ne pas se sentir lésés. Cela sous-entend aussi un **temps différencié** pour les élèves. Certains ont besoin de davantage de temps pour accéder aux mêmes apprentissages. Pour mettre en place ce fonctionnement, plusieurs possibilités :

– utiliser les séances de régulation pour reprendre en aide dirigée les élèves les plus en difficulté ; un temps en individuel ou en petits groupes avec la médiation de l'enseignant est efficace ;

– utiliser l'APC (aide pédagogique complémentaire) pour ces élèves, à raison d'une fois par semaine entre 30 et 45 minutes. Cela ne sera peut-être pas nécessaire tout au long de l'année, mais *a minima* lors des nouvelles acquisitions. Enseigner, c'est faire des choix et privilégier les mathématiques en APC peut aussi être porteur dans les autres disciplines ;

– faire appel au RASED et travailler en co-intervention.

J La différenciation

La différenciation reste une vraie difficulté dans sa mise en œuvre, tout autant qu'une nécessité.

Les postulats de Burns

Ces sept postulats doivent être gardés à l'esprit pour penser à la différenciation en classe.

1. *Il n'y a pas deux apprenants qui progressent à la même vitesse.*
2. *Il n'y a pas deux apprenants qui soient prêts à apprendre en même temps.*
3. *Il n'y a pas deux apprenants qui utilisent les mêmes techniques d'étude.*
4. *Il n'y a pas deux apprenants qui résolvent les problèmes exactement de la même manière.*
5. *Il n'y a pas deux apprenants qui possèdent le même répertoire de comportements.*
6. *Il n'y a pas deux apprenants qui possèdent le même profil d'intérêt.*
7. *Il n'y a pas deux apprenants qui soient motivés pour atteindre les mêmes buts.*

La première réponse de la méthode MHM est ainsi d'offrir une grande variété de situations et d'outils pour que chaque élève construise son chemin d'apprentissage.

L'importance du rôle de l'enseignant, notamment par les rétroactions, concourt aussi à limiter le besoin à différencier en réalisant une médiation et en agissant avant que l'incompréhension ou la difficulté ne s'installent.

De façon générale, MHM propose une réflexion sur la différenciation dans les descriptifs des séances.

Carte mentale sur la différenciation au Cycle 2

https://huit.re/cartedifferenciation

Pistes pour les élèves en difficulté

La méthode n'a rien de miraculeux, mais elle a prouvé dans de nombreuses classes qu'elle limite la difficulté scolaire notamment par la motivation et l'entrée en activité des élèves, même si des difficultés persistent chez un certain nombre d'entre eux. J'insiste toutefois sur l'importance de **ne pas baisser les exigences** en pensant les aider. Il faut maintenir des attentes élevées.

Les principes pédagogiques et didactiques posés dans la méthode MHM sont au cœur de l'aide aux élèves en difficulté : pédagogie explicite, rétroaction, évaluation formative… Ces pratiques ont fait leurs preuves et doivent guider l'étayage pour ces enfants. Lorsque vous vous inquiétez pour un élève, parce qu'il est en décalage et n'arrive plus à suivre, il faut poser un diagnostic nécessaire à la compréhension de l'origine des difficultés.

- **Troubles cognitifs** : retard global, déficience intellectuelle légère ou non, déficit de mémoire de travail…
- **Troubles psychologiques** : incapacité de rentrer dans les apprentissages de façon générale pour des raisons psychologiques (relations intra-familiales, traumatisme, vécu personnel), sentiment d'incompétence spécifique aux mathématiques (parfois entretenu familialement).
- **Troubles de type -dys** : la dyspraxie est handicapante en mathématiques et des adaptations existent. De même, la dyscalculie est un trouble réel, qui pose de vraies difficultés pour les élèves, or c'est un trouble moins diagnostiqué que la dyslexie alors qu'il est aussi fréquent.
- **Accumulation de lacunes** : les bases des années précédentes ne sont pas acquises et les mathématiques ne font aucun sens pour l'élève.
- **Inadaptations des contenus** ou insuffisances des démarches d'enseignement proposées.

On ne doit pas s'exonérer de ce travail d'analyse, primordial pour apporter la juste réponse ! Selon votre analyse, vous mettrez en place diverses stratégies : suivis extérieurs, propositions d'entrées nouvelles dans les notions, temps d'attention consacré à l'élève intensifié, proposition d'aide humaine renforcée (reformulation, rétroactions ciblées, tutorat par un pair...), recherche d'outils adaptés...

Sur le plan mathématique, il semble fondamental de **reprendre les bases** pour que l'élève raccroche les wagons. Cela doit s'inscrire dans le cadre d'un PPRE et demande un investissement particulier. Quand le décalage et les difficultés sont importants, quelques aménagements ici et là ne suffisent plus ! Il faut **prioriser**. Peu importe leur niveau, les bases à acquérir doivent être les suivantes :

➔ **Compréhension des nombres** (propriétés du système décimal), en fixant plusieurs niveaux : jusqu'à 10, 20, 100, 1 000 et ensuite les grands nombres, les fractions et les décimaux.

➔ **Connaissance des fondamentaux du calcul mental** : résultats élémentaires (tables d'addition et de soustraction) sous leurs différentes formes, procédures de base (ajouter/enlever 1, 9, 10, *x* dizaines/centaines...).

➔ **Résolution de problèmes simples**, en adaptant la taille des nombres au champ connu par les élèves et en choisissant le contexte selon leurs capacités. On pourra aussi :

– donner à l'élève un problème résolu et lui demander d'expliquer la solution ;

– donner à l'élève un problème avec la solution partiellement résolue ;

– proposer d'autres sources : auditives, visuelles...

➔ **Compréhension du sens des opérations** et connaissance des techniques opératoires, des propriétés des opérations et de leurs liens avec la numération.

Pour cela, vous trouverez sur le site **deux plans d'urgence**, un en cycle 2 et un autre en cycle 3 !

Utilisez tout ce qui est à votre disposition pour atteindre ces objectifs : APC, aide du RASED, collaboration avec les parents, séances de régulation, outils numériques, étayage renforcé, tutorat, suppression de certains contenus prévus dans la méthode au profit de ces bases, etc.

Pistes pour les élèves en réussite

Pour les bons élèves, la méthode propose un certain nombre de compléments, outils, jeux et activités supplémentaires qui vont leur permettre de s'épanouir, mais aussi de renforcer leurs apprentissages en faisant des mathématiques autrement. On peut également :

– les nommer tuteurs d'autres élèves ;

– leur faire animer un groupe de travail ;

– leur proposer une version plus résistante du même travail (opérations avec des nombres plus grands, plus de nombres à ranger en ordre croissant, davantage de figures géométriques, etc.) ;

– leur proposer des exercices complémentaires plus complexes, qui vont plus loin… (si vous n'avez pas le temps de leur créer des exercices en plus, laissez-les les créer eux-mêmes !) ;

– leur proposer les mini-fichiers du niveau supérieur ;

– leur proposer de créer de nouvelles fiches pour un mini-fichier donné (par exemple créer leur propre mini-fichier de résolution de problèmes, de géométrie…) et le leur faire informatiser ou leur faire créer des pyramides de calculs… ;

– leur proposer des projets à réaliser sur une période longue : projets « mathématiques et arts », constructions à partir de patrons, exposé sur les unités de mesure à l'étranger ou sur les autres numérations (égyptiennes, mayas…), projet sur la programmation, création d'un livret sur les mathématiques au Moyen Âge (CM), fabrication d'un lapbook, etc. Le site propose de nombreux compléments allant en ce sens.

L'expérience a montré que la méthode déstabilise au premier abord les bons élèves, notamment les plus scolaires d'entre eux. Toutefois, par la suite, ils s'épanouissent et l'écart se creuse parfois. Il n'est pas rare que rapidement quelques élèves se retrouvent en grande réussite, voire à être en capacité de suivre le niveau supérieur. La méthode MHM a en effet été conçue pour répondre aux besoins de tous les élèves !

K Les leçons

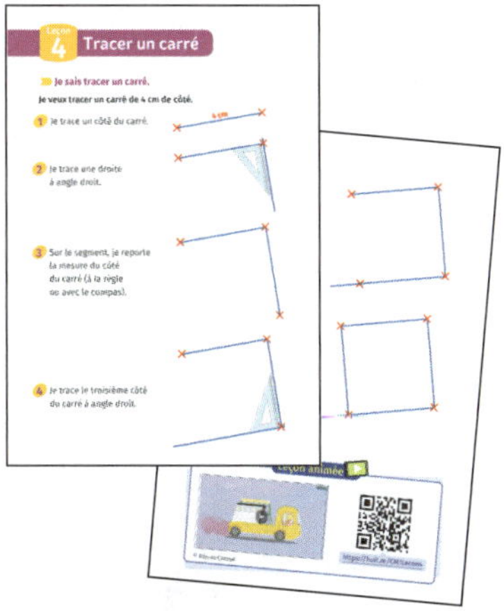

La place de l'écrit dans l'enseignement des mathématiques est importante. Les leçons sont des traces écrites qui visent deux objectifs :

– une fonction d'institutionnalisation des savoirs : on formalise les savoirs, on pose le vocabulaire mathématique ;

– une fonction méthodologique : par exemple en CM la leçon « Tracer un carré ».

Les leçons sont polycopiées. C'est un choix pour offrir une trace propre, claire, adaptée aux élèves -dys, et utilisable tout le cycle. Cela n'empêche pas qu'au besoin, vous personnalisiez et ajoutiez des commentaires, exemples ou contre-exemples construits collectivement avec la classe. La plupart du temps, elles sont associées à une vidéo des fondamentaux de Canopé. Ces supports sont une aide, tant à la mémorisation qu'à la compréhension, notamment lorsqu'ils révisent la leçon à la maison.

Dans la méthode MHM, la leçon ne vient pas toujours après la découverte ! Elle est parfois proposée plus tard, après une nouvelle réactivation du savoir. C'est volontaire, dans l'esprit de la programmation neuronale. Le choix du nombre des leçons, des savoirs abordés, est personnel. D'autres leçons pourraient être ajoutées. L'idée est de ne pas en avoir trop afin que les élèves puissent facilement s'en servir et les retrouver. Elles doivent devenir de **véritables références** que l'élève choisit et utilise dès qu'il en a besoin. Il faudra donc encourager ce comportement pour que cela devienne une habitude. La leçon est un outil parmi les autres.

Une progressivité dans les leçons est installée du CP au CM2. Certaines leçons sont semblables d'une année à l'autre, les variations étant minimes. Cela participe également au rappel en mémoire. La quantité d'écrits évolue aussi vers des attendus de cycle 3 plus exigeants, en prévision du collège.

Delphine Thibault, PEMF et blogueuse (Tablettes & Pirouettes), propose des versions manipulatoires des leçons. Cela permet aux élèves de se les approprier, de jouer avec, pour mieux inscrire en mémoire les savoirs visés.

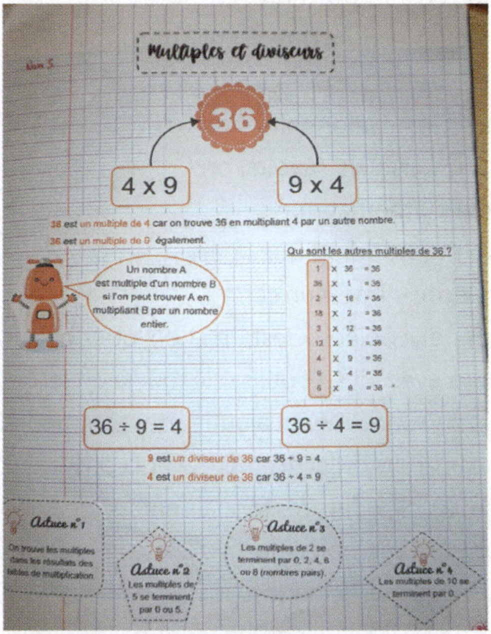

http://www.tablettesetpirouettes.com/

L Les devoirs

En dépit de leur interdiction depuis 1956, les devoirs écrits sont encore présents dans de nombreuses classes, particulièrement au CM. Les devoirs à la maison sont pour certains parents une occasion de s'intéresser à la scolarité de leur enfant. Pour d'autres, les devoirs renvoient à leur propre rapport à l'école, pas toujours harmonieux.

Pour les enseignants, la question des devoirs à la maison est une question épineuse. Il y a autant d'enseignants pour les devoirs (« Pour les préparer au collège », « Parce que les parents demandent »…), que d'enseignants contre

(« Les devoirs creusent les inégalités », « Certaines familles ne peuvent pas les aider »…). Diverses études traitent de la place du travail personnel à l'école[6] : la recherche s'est beaucoup intéressée à cette question, mais les résultats sont souvent contradictoires.

Le problème de l'efficacité des devoirs se situe dans l'écart entre ce que l'enseignant demande et ce que les parents ou les élèves font (ou ne font pas !). Les devoirs sont ainsi souvent inefficaces, voire contre-productifs. En mathématiques, on découvre parfois des parents qui enseignent une technique opératoire différente de celle utilisée en classe, car « ils ont appris comme ça ».

Les effets positifs se révèlent plus à la fin du secondaire qu'à l'école. Les arguments invoqués comme « on donne des devoirs pour qu'ils s'habituent aux devoirs du collège » sont ineptes (comme le dit André Tricot en conférence : met-on des briques dans le cartable des élèves en prévision qu'il sera plus lourd les années suivantes ?). De même les parents n'attendent pas tant des devoirs à la maison que la preuve de la réussite de leur enfant. La recherche a aussi montré que ce n'est pas la quantité de devoirs qui est efficace, mais la régularité.

La mise en œuvre des devoirs à la maison demande donc d'expliciter les attendus aux élèves (quelle tâche leur est donnée : s'exercer, réviser…) et aux parents (lors de la réunion de rentrée ou en communiquant par écrit).

Dans la méthode, après discussion avec l'ensemble des collègues testeurs, il a été arrêté que les élèves ont des devoirs régulièrement, quel que soit le niveau. Les choix suivants ont guidé la réflexion. Les devoirs doivent :

– viser majoritairement un travail de révision ou d'entrainement ;

– être faciles, et faire l'objet d'un **retour** de la part de l'enseignant, à un moment ou un autre ;

– être faisables en autonomie par les élèves et donc ne pas être sources de malentendus pédagogiques ;

– permettre aux parents de s'impliquer en étant accessibles.

6. Voir notamment l'excellent dossier du centre Alain Savary : https://lc.cx/ijqx.

Accompagner son enfant en mathématiques

Votre enfant va apprendre les mathématiques avec une méthode innovante cette année !

Pour aider votre enfant, prenez le temps de faire les devoirs avec lui.Il n'y en aura pas toujours. Ils ne seront pas trop longs. Mais faites-les avec lui, ou demandez-lui qu'il vous raconte comment il a fait. Surtout n'imposez pas « votre » technique ou ce que vous vous avez appris à l'école, faites confiance à l'école et vous verrez que cela fonctionnera très bien !

Plus vous soutenez votre enfant, plus il réussira à l'école et dans sa vie future.

Faire des mathématiques, c'est aussi faire de la cuisine (car dans une recette il faut mesurer des ingrédients), faire des jeux de société (réfléchir, anticiper), construire des choses (avec des jouets, ou n'importe quel matériel...), apprendre à faire la monnaie, etc.

Extrait du document de présentation de la méthode MHM aux parents.

Ainsi, certains des devoirs sont écrits, mais non obligatoires. L'expérience a prouvé qu'ils étaient presque toujours réalisés, y compris par des élèves qui ne disposent pas d'aide à la maison. Cela tient au format des devoirs proposés. Leur durée est **limitée**.

Il s'agira par exemple de :

– demander aux élèves de relire et d'expliquer à leurs parents les leçons établies en classe ; sur les leçons, figure un QR code que les élèves pourront activer, s'ils le souhaitent, avec leurs parents ;

– demander une recherche simple sur les mathématiques dans la vie courante (« Trouve des angles droits dans ta chambre ! ») ;

– jouer : par exemple, pour aider à la mémorisation des tables, les élèves disposeront de cartons d'opérations pour s'amuser avec leurs parents ;

– s'entrainer sur un outil numérique, pour réviser ses tables par exemple.

Dans tous les cas, ces devoirs à réaliser n'auront de sens et d'efficacité qu'à la condition qu'ils aient été expliqués, acceptés et compris par les parents. Par exemple, on demandera de connaitre la carte mentale des décompositions de 8 construite en classe.

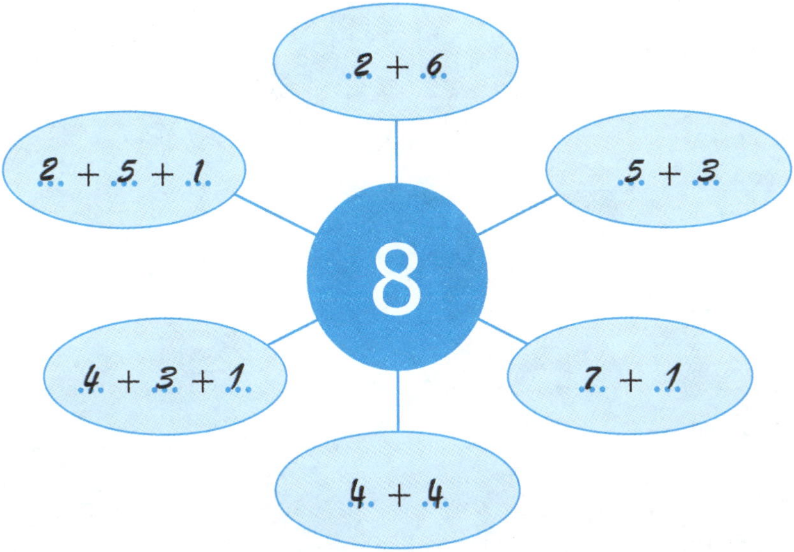

Les décompositions de 8.

Travail réalisé en CM2.

Le jeu de l'omelette en CM1.

CHAPITRE

9

Comment faire pour utiliser la méthode…

A Dans les classes à cours triples ?

La gestion des classes à cours multiples (quasi systématiques en milieu rural) est une réelle difficulté pour les enseignants dans la mise en œuvre des apprentissages. Il n'est évidemment pas possible de faire la même chose avec deux niveaux de classe différents, cela demande donc une adaptation et des modalités pédagogiques particulières.

Les ouvrages existants ne répondent que vaguement à la question. Les fichiers et manuels ne réservent généralement que quelques lignes à ce sujet, arguant qu'il suffit de profiter d'un groupe autonome pour faire autre chose avec l'autre groupe. Au quotidien, les questions qui se posent sont nombreuses. Pour essayer de répondre à une gestion des cours multiples efficaces, la méthode s'appuie sur plusieurs choix.

• Le **découpage des séances** (*activités ritualisées, calcul mental, etc.*) permet de prévoir des temps distincts dans la journée. La partie « activités ritualisées, calcul mental, résolution de problèmes » est prévue pour être menée avec les deux niveaux, mais peut aussi être menée avec une partie de la classe tandis que l'autre est en autonomie sur un travail bien ciblé.

• Certaines **situations quasi similaires** jouent sur les variables didactiques ou peuvent être menées en parallèle.

• Le fonctionnement en **ateliers tournants** favorise la gestion de plusieurs niveaux au sein de la classe.

• Les **séances de régulation** peuvent se faire parallèlement à une séance différente dans l'autre niveau.

Il n'en reste pas moins que cela demande de l'adaptabilité et de la souplesse, sans compter une bonne maitrise du groupe classe. Encore plus que pour les niveaux simples, l'aménagement est un facteur clé : il permet la dissociation des groupes, la circulation des élèves, l'accès au matériel, etc.

Dans l'expérimentation, il y a eu plusieurs configurations à triple niveau (MS-GS-CP, GS-CP-CE1, CP-CE1-CE2, CE2-CM1-CM2, etc.) et parfois à plus de 28 élèves ! Les classes à niveaux multiples qui fonctionnent le mieux sont celles où l'on met en place des règles de classe basées sur la coopération et l'autonomie (voir les pédagogies coopératives et les ouvrages de S. Connac notamment[1]). Le fonctionnement s'améliore aussi dès la deuxième année.

Cette configuration nécessite forcément plus de temps qu'avec un niveau simple et pose certains problèmes d'organisation. Le risque est alors de recourir à des fonctionnements de type plans de travail, activités autonomes… qui peuvent faire perdre l'indispensable temps de travail collectif avec chaque niveau. Il est plus facile de présenter de façon explicite une procédure à un groupe d'élèves (ou à la classe entière) que de reprendre la démarche individuellement avec chaque élève.

Propositions en triple niveau

La construction même de la méthode doit faciliter la mise en place en classe : les modules et les séances ont la même architecture pour tous les niveaux. Il y a plus de 60 séances dans l'année qui mettent en œuvre des ateliers, ce qui permet de faire fonctionner plusieurs niveaux en même temps.

Les outils numériques (TBI, tablettes) seront un plus pour aider à la gestion de la classe : disponibilité des consignes, aides, consignes enregistrées (en audio ou vidéo), etc.

Vous avez plusieurs options de fonctionnement.

1. *La Coopération entre élèves*, Canopé, 2017.

• Faire des maths avec les trois niveaux **en même temps** : utiliser un élève tuteur qui gère spécifiquement un niveau sur les parties orales et calcul mental (par exemple un CE2 qui gère les CE2 ou les CE1, un CE1 qui gère les CP, etc.). Une enseignante a ainsi fait des fiches de consignes pour l'élève « assistant ». Le retour est positif.

• Faire **en deux temps** : gérer par exemple le CP pendant que les CE1-CE2 sont en autonomie sur d'autres tâches. Puis gérer le CE1-CE2, en prenant le module dédié dans la méthode, pendant que les CP sont sur une activité en autonomie. Cela demande une grande autonomie de la part des élèves et des outils adaptés. On pourra alors découper la séance de mathématiques en plusieurs temps (temps 1 : *activité orale/calcul mental* ; temps 2 : *résolution de problèmes* ; temps 3 : *situations d'apprentissage*).

• Faire les différentes activités de la méthode **de façon décalée** : les CP sont en autonomie, vous faites la partie orale et calcul mental avec les CE1-CE2, puis vous lancez les CE1-CE2 sur la phase de problèmes ou d'apprentissage et la partie orale/calcul mental des CP...

Pour les classes avec des GS

Le site de la méthode propose de nombreuses ressources pour les maternelles : activités ritualisées, situations d'apprentissage et jeux pour mettre en place des ateliers. Pour les cours incluant des maternelles, deux solutions.

1. Couper la séance des CP en deux temps pour mieux gérer les maternelles, avec l'aide d'une ATSEM s'il y en a une.

2. Associer les maternelles au fonctionnement : les GS ont ainsi souvent participé aux activités orales des CP et au calcul mental, de façon adaptée. Sur les classes qui ont procédé ainsi, les élèves de GS ont acquis un excellent niveau, sur l'aspect numération en particulier. De nombreux élèves de GS ont fini l'année avec un niveau bien au-delà des attendus. Cela peut devenir un inconvénient, car il faudra gérer cette différence l'année suivante... Mais va-t-on réellement s'en plaindre si on les a emmenés beaucoup plus loin ?

Le chapitre 12 présente plus concrètement le fonctionnement en maternelle.

B En CE2-CM1 ?

C'est une classe particulière, car à cheval sur deux cycles. Elle fait appel aux mêmes principes de fonctionnement et propositions que le triple niveau. C'est le seul double cours non préparé sur le site MHM, car les contenus et thématiques abordées ne sont pas les mêmes. Toutefois, on retrouve des similitudes et des contenus qui se rapprochent. Par exemple, le travail sur les solides se fait au même moment.

La première option est de mener une séance des mathématiques avec un niveau pendant que l'autre est autonome sur une autre discipline puis d'inverser. Mais plusieurs enseignants testeurs en 2017-2018 ont préféré gérer les séances en parallèle au même moment. Selon les séances, ils ont laissé un élève de CE2 ou CM1 guider les premières phases des séances (activités ritualisées et calcul mental). Pour cela, ils ont à disposition une trame de ce qu'ils doivent dire aux autres élèves.

ACTIVITÉS RITUALISÉES
– **S2** : Écrire au tableau 64 845, 68 485, 48 645 pour les **CM1** et 864 845, 468 485, 648 645 pour les **CM2**. Demander aux **CM1** d'écrire à l'ardoise le nombre qui compte « 684 centaines » et pour les **CM2** celui qui a pour chiffre des dizaines de mille « 4 » parmi les trois proposés.

Module 3, séance 2, CM1.

Pour les deux autres phases (résolution de problèmes et apprentissages), l'enseignant lance l'activité avec un niveau et va voir l'autre groupe, puis revient voir l'avancée du niveau initialement lancé en autonomie. Cette organisation est facilitée lors des séances en ateliers. Après quelques semaines d'adaptation, les enseignants et les élèves ont réussi à trouver un rythme efficace.

C En classe spécialisée (SEGPA, ULIS) ?

Les principes fondateurs de la méthode et ses choix pédagogiques et didactiques sont tout à fait adaptés aux élèves des classes spécialisées. En SEGPA ou en ULIS, l'enseignant est confronté à des élèves en difficulté scolaire, ayant parfois perdu toute appétence, notamment en mathématiques.

En SEGPA

La SEGPA accueille des élèves présentant des difficultés scolaires graves et persistantes auxquelles n'ont pu remédier les actions de prévention, d'aide et de soutien. Ces élèves présentent des lacunes importantes et des difficultés dans les compétences de base. Il faut d'abord analyser le niveau mathématique des élèves et le comparer à un niveau scolaire classique, quitte à distinguer dans la classe deux groupes que l'on fera fonctionner comme un double niveau.

L'horaire d'enseignement des mathématiques en SEGPA étant inférieur à celui de l'école, il faudra aussi faire des aménagements. L'idée est alors de suivre la méthode en adaptant les points suivants :

- renforcer les parties orales, les temps d'explicitation ;
- alléger les activités trop longues ;
- supprimer les activités qui semblent inaccessibles aux élèves.

L'objectif est de reprendre les bases, de les consolider et de donner des procédures pour que l'élève soit de plus en plus autonome dans son travail.

Un travail conjoint avec les autres enseignants serait utile pour faire le lien entre les mathématiques et les autres disciplines (graphiques en géographie, vocabulaire en français, unités de mesure et ordres de grandeur en sciences, etc.).

En ULIS

L'ULIS est un dispositif destiné à des élèves dont le handicap empêche d'être à temps plein dans une classe ordinaire. Ces élèves bénéficient d'un projet prévoyant des inclusions dans les classes de l'école. Il y a alors deux options d'utilisation de la méthode testées par quelques enseignants :

➔ Les élèves suivent la méthode dans leur classe d'inclusion. Cela peut nécessiter des aménagements supplémentaires, comme précisé dans le chapitre 8 « pistes pour les élèves en difficulté » (p. 140).

➔ Les élèves suivent la méthode avec l'enseignant d'ULIS. Celui-ci peut alors piocher ce qui va correspondre aux besoins de ses élèves. L'important est de conserver ce qui fait la force de MHM : principes pédagogiques et didactiques (importance de l'explicitation, de la rétroaction, de la manipulation…), ritualisation des apprentissages, appui sur l'oral, etc.

La spécificité de ces élèves est leur difficulté à accéder à certains niveaux d'abstraction, comme la compréhension du nombre et le fonctionnement du système de numération. Pour ceux qui ont des troubles des fonctions cognitives, mémoriser des informations (résultats partiels dans certaines activités), se repérer dans l'espace (documents, jeux, activités de géométrie), par exemple, sont des compétences qui peuvent s'avérer difficiles. L'abstraction demandée par certains apprentissages (comprendre le système de numération positionnel avec le jeu du banquier) est ardue, voire inaccessible.

En dépit de ces difficultés, les enseignants qui ont testé la méthode MHM soulignent les progrès des élèves, mais aussi un changement d'attitude : estime de soi, confiance, engagement ! Les élèves automatisent certains apprentissages et n'hésitent plus se servir d'outils s'ils sont bloqués. D'après une enseignante, « la diversité des activités proposées et la facilité à adapter la méthode sont des points forts pour une utilisation en classe spécialisée. »

D Et les plans de travail ?

Le plan de travail est un outil pour établir un parcours d'apprentissages construit sur les choix de l'élève, ses compétences et les demandes de l'enseignant. Le plan de travail n'est pas tant un outil de différenciation ou d'individualisation qu'un outil de personnalisation. Il s'agit de mettre à disposition des élèves des outils individualisés. Les élèves sont amenés à choisir les supports, les aides et le cheminement qu'ils prennent. Bien pensés, mis en œuvre dans une classe coopérative, ils peuvent être intéressants. Les plans de travail, invoqués par certains comme « la » solution à l'hétérogénéité des classes, présentent toutefois plusieurs limites.

• Les plans de travail doivent être des outils adaptés aux élèves. Dans la réalité, ce n'est souvent pas le cas et les élèves ont souvent les mêmes plans et les mêmes outils… Ils deviennent alors de simples listes de tâches à effectuer, le seul choix de l'élève se résumant à l'ordre dans lequel il travaille.

• Les plans de travail sont censés développer l'entraide et l'autonomie. Or l'élève en difficulté est généralement peu autonome et son accès à la lecture des consignes est déficient. La lecture même du plan de travail doit être adaptée à chaque élève.

• Certains élèves profitent de cette modalité de fonctionnement pour ne rien faire ou pour avancer seulement par crainte du bilan qu'il devra réaliser auprès de l'enseignant (parfois devant les autres élèves). Or apprendre doit être un plaisir partagé et stimulé.

• Le plan de travail étant une modalité individuelle, répondant d'abord à des besoins de l'enseignant (gestion du groupe, de plusieurs niveaux, aide à la programmation des objectifs…), il doit être bien dosé. De nombreuses classes en font un usage abusif et la part du plan de travail sur l'ensemble des situations pédagogiques de classe (collectives ou individuelles) est trop importante. Il n'est pas rare de voir les plans de travail occuper plus de 50-60 % du temps consacré à la discipline, ce qui interroge sur les temps collectifs indispensables, le calcul mental (qui ne doit pas être fait que sur fiches papier), etc.

• Les plans de travail présentent aussi des limites didactiques au regard des avancées de la recherche (voir le chapitre 7). Trop utilisés, ils ne permettent pas la mise en œuvre correcte des points présentés : rôle de l'enseignant, pédagogie explicite, travail coopératif, place de la manipulation, etc. L'individuel n'est pas toujours plus efficient que le collectif.

C'est pour ces différentes raisons que le plan de travail n'a pas été intégré à la méthode MHM. Elle vise en effet la mise en œuvre d'une médiation des apprentissages, d'une véritable différenciation en mettant en œuvre des modalités d'apprentissages diversifiées qui permettent aux élèves d'atteindre les objectifs visés par leur propre cheminement. La différenciation se fait par le biais des activités (aisément adaptables), la richesse des outils mathématiques et les dispositifs proposés.

Certains enseignants tiennent à leur plan de travail. C'est justifié s'ils ont un réel fonctionnement de classe coopérative et besoin de gérer trois ou quatre niveaux. Ils peuvent les conserver en français, mais pas forcément en mathématiques. S'ils souhaitent en avoir en mathématiques, l'articulation entre la méthode et les plans de travail doit être réfléchie. Je suggère alors que les plans de travail soient utilisés là où ils peuvent être pertinents :

– l'avancée dans les mini-fichiers ;

– les exercices d'entrainement, d'approfondissement ;

– l'utilisation des outils numériques proposés.

Le temps sur les plans de travail peut alors être un des temps d'ateliers ou s'inscrire dans la séance de régulation.

CHAPITRE

10

Questions pratiques

A Comment se lancer ? Par quoi commencer ?

La méthode peut sembler déroutante et vous ne savez pas par où commencer ? Même si vos élèves n'ont pas connu la méthode l'année précédente, n'hésitez pas !

Voici les étapes à suivre, après la lecture de ce guide.

1. Procurez-vous le matériel de classe

Du matériel est nécessaire pour la méthode. En théorie, cela devrait être le matériel de base de toute classe, mais ce n'est pas toujours le cas. Donc, équipez-vous de tout ce qui figure sur la liste présente sur le site[1].

2. Fabriquez ou achetez le matériel papier spécifique

La méthode exige des supports qu'il faut imprimer, plastifier. C'est fastidieux, mais il va durer plusieurs années. Vous pouvez également vous le procurer sur le site des éditions Nathan[2]. Ce matériel est soit collectif, soit individuel.

3. Fabriquez ou achetez les mini-fichiers et jeux

La méthode nécessite un certain nombre de jeux et de mini-fichiers. Ils sont sur le site (par niveau[3]), avec toutes les informations nécessaires (la programmation annuelle indique à partir de quelle période les mini-fichiers et jeux seront nécessaires). Vous n'êtes donc pas obligé de vous précipiter

1. Cf. https://huit.re/mhm-materiel.
2. Cf. mhm.nathan.fr.
3. Cf. https://huit.re/mhm-jeux.

pour fabriquer tout le matériel immédiatement. Vous pouvez également les acheter pour gagner du temps[4].

4. Préparez les séances

Dans le menu « Modules », sélectionnez votre niveau de classe. Vous trouverez en téléchargement :

➔ **Le guide des séances** : un pdf unique pour avoir tout le descriptif d'un bloc, par niveau ou double niveau.

➔ **Les documents afférents** : un dossier zippé qui contient toutes les ressources pour mettre en place les séances en classe (avec un sous-dossier par module).

Vous pouvez, là aussi, acheter une version propre, reliée et en couleur de l'ensemble du guide et des documents afférents, par niveau ou double niveau, sur le site des éditions Nathan.

B Comment faire à temps partiel ?

La méthode a également été testée dans des classes avec deux enseignants à temps partiel. Le fonctionnement arrêté a été le suivant (temps partiel à 25 % ou 33 %) : la personne en « décharge » (complément de service) met en œuvre la séance qui vient dans la continuité du module, ce qui signifie qu'elle peut faire de la numération ou de la géométrie. Ce fonctionnement est moins enfermant que la posture traditionnelle qui consiste à déléguer la géométrie à la personne en décharge. Les collègues ont apprécié cette répartition qui renforce leur rôle auprès des élèves comme « vrai » enseignant. Cela demande à ce que le titulaire de la classe organise et prépare les documents concernant la séance qui sera menée par la personne en décharge.

4. Cf. mhm.nathan.fr : *Guide des séances & Ressources.*

Cette dernière ne mène pas de séance de régulation si elle ne vient qu'à 25 %. C'est au titulaire de construire cette séance, car il a plus de recul. Il faut une bonne coordination entre les deux enseignants et prendre le temps de faire le point régulièrement.

Pour des collègues à mi-temps, la répartition peut se faire dans le même esprit, mais avec un suivi plus régulier sur le travail de chacun. Ce sont des échanges intéressants et qui enrichissent la pratique mutuelle.

C Comment avancer dans les mini-fichiers ?

C'est une question fréquente : quand les arrêter ? quand les redonner aux élèves ? quand doivent-ils les finir ?

Le fichier de programmation de chaque niveau indique si un module fait appel ou non au mini-fichier. Cela vous permet de vous projeter dans votre organisation.

Les élèves doivent avancer à leur rythme. Vous pouvez utiliser les séances de régulation pour ajuster, faire avancer des élèves, etc.

S'ils ont fini un mini-fichier alors qu'il doit être réutilisé plus tard, donnez-leur un autre mini-fichier ou une autre activité (cf. « pistes pour les élèves en réussite », chapitre 8, p. 142).

Pour les élèves en difficulté, l'objectif est de finir la première moitié du mini-fichier sur l'année scolaire. Vous jugerez par vous-même de ceux qui sont prioritaires sur les autres par rapport à leurs difficultés.

D Comment travailler avec les parents ?

Le chapitre 4 a précisé l'importance du travail avec les parents. Une infographie est disponible sur le site pour présenter la méthode aux parents.

La **réunion de rentrée** est un moment important, car on peut discuter et échanger avec les parents. L'idée phare est que parents et enfants conçoivent que les mathématiques ne sont pas qu'une discipline scolaire (qui se limiterait à savoir compter ou poser des opérations), mais qu'elles font partie du monde.

Différents points sont à aborder avec les parents :

– préciser globalement comment se passe une séance de mathématiques en classe ;

– les inciter à faire des jeux avec leurs enfants (donner quelques exemples) ;

– expliciter les devoirs et prendre l'exemple d'une « fiche devoirs » (cf. modules) : comment procéder avec leur enfant ou bien comment regarder une vidéo (QR Code) ;

– insister sur l'importance de respecter le travail mis en œuvre, notamment le choix des techniques opératoires (en particulier sur la technique de la soustraction !) ;

– voir comment aider son enfant à apprendre les tables (avec les tables, les enveloppes, comment l'interroger…).

Infographie pour les parents.

E Et pour les enseignants débutants ?

À la lecture de ce guide, vous avez la réponse. Cette méthode est exigeante sur le plan des gestes professionnels. Elle demande une posture professionnelle qui exige une certaine expérience, une connaissance des élèves et une capacité d'analyse que n'ont pas encore les enseignants débutants. Mais d'un autre côté, les résultats qu'ils obtiendraient en suivant un fichier ou un manuel seraient-ils meilleurs ? Plusieurs professeurs stagiaires ou débutants ont choisi la méthode, parfois avec difficulté, d'autres fois avec succès. Cela tient aux personnes, à leur capacité d'adaptation, mais **surtout à l'accompagnement des enseignants**. S'ils ne sont pas seuls et partagent leurs éventuels doutes, alors ça devrait bien se passer et être formateur !

F Mais ça va trop vite !

Voilà une remarque qui vient au début de la méthode ou à la lecture des premiers modules. « Mes élèves n'ont pas le niveau pour commencer » ou « Ils arrivent dans ma classe, mais ne savent pas tout ce qu'il faut. Je dois reprendre beaucoup de choses... », « Je suis en REP, ils ne pourront pas faire tout ça... », etc.

Ces inquiétudes sont légitimes. La réponse est multiple, car elle devrait être systématiquement contextualisée.

La méthode démarre « comme si » les élèves avaient tous les acquis de l'année précédente. Comme d'ailleurs tout fichier ou manuel existant. Mais cela se voit plus, car la méthode MHM démarre rapidement. C'est une volonté dans la progression. Il s'agit de réactiver rapidement les connaissances de l'année précédente. Volonté aussi d'exigence. Il faut élever le niveau ! En cas de stress, vous pouvez ajouter une séance après le module 1 pour réguler ou adapter au besoin. Mais restez confiants, les contenus vont être revus à de nombreuses reprises au cours de l'année.

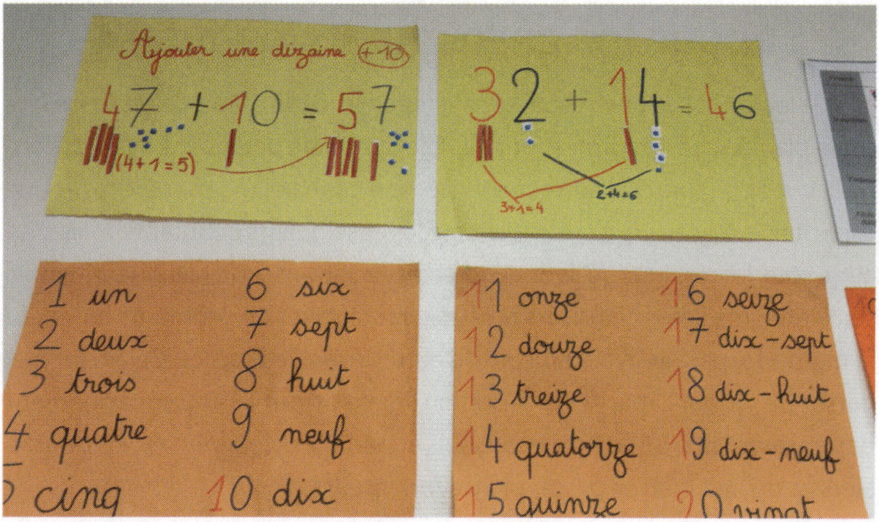

Un affichage en classe.

CHAPITRE

11

Le cycle 3

A Les spécificités du cycle 3

Mettre en œuvre la méthode MHM en CM présente certaines spécificités et difficultés, comme l'ont montré les classes pilotes en 2017-2018. En effet, la méthode peut déstabiliser l'enseignant en provoquant une rupture forte avec ses anciennes habitudes de travail : moins d'écrit, plus d'oral, plus de manipulation, une gestion d'ateliers non habituelle en CM, etc. Les gestes professionnels en jeu ne sont donc plus les mêmes pour certains enseignants. Il faut s'adapter, composer avec une nouvelle approche.

La méthode souligne aussi l'importance des connaissances didactiques nécessaires pour enseigner les mathématiques. Dans les modules, la partie « ce qu'il faut savoir » présente notamment des points didactiques, des rappels indispensables qu'on préférerait parfois occulter. La grande majorité des enseignants enseigne encore que « multiplier par 100, c'est ajouter deux zéros aux nombres » (et ils le font, car certains manuels le font !). C'est une absurdité didactique. Que dire de la proportionnalité ? C'est un sujet complexe qui met parfois les enseignants en difficulté. La méthode MHM demande aux enseignants de se mettre à jour de leurs connaissances didactiques ou du moins de les réinterroger. C'est une nécessité absolue pour un enseignement de qualité. Il faut faire preuve d'une nouvelle rigueur auprès des élèves, car le cycle 3 intègre la 6e et inclut donc le collège, avant le cycle 4 qui marque l'entrée dans davantage d'abstraction, de raisonnement, etc. Le vocabulaire doit être choisi avec soin, l'explicitation des concepts doit être explicite ! Et ce n'est possible qu'en étant soi-même parfaitement au clair.

B La programmation

Le cycle 3 commence en CM1 et finit en 6e. C'est un changement majeur, car la programmation des contenus s'étale sur trois ans, dont une année au collège. Les enseignants de CM avaient en effet l'habitude de couvrir les compétences des programmes de l'école pour la fin du CM2. Or, certaines compétences seront donc abordées en CM1-CM2 et seront poursuivies en 6e.

Ce changement déstabilise et certains souhaitent encore que toutes les compétences soient acquises en fin de CM2. Non ! Les nouveaux programmes ont permis d'étaler les contenus sur trois ans, il faut en profiter. Dans sa programmation, la méthode MHM aborde près de 90 % des compétences de cycle 3, mais certaines demanderont à être poursuivies en 6e et c'est normal ! Par exemple :

– les compétences « relier les unités de volume et de contenance » ou « la distance d'un point à une droite » ne seront abordées qu'en classe de 6e ;

– les pourcentages seront vus en fin d'année de CM2, mais mériteront un travail plus approfondi en classe de 6e.

		1	2	3	4	5	6	7	8
Utiliser et représenter les grands nombres entiers, des fractions simples, les nombres décimaux									
NC1	Composer, décomposer les grands nombres entiers, en utilisant des regroupements par milliers	x		x	x		x		
NC2	Comprendre et appliquer les règles de la numération aux grands nombres (jusqu'à 12 chiffres)	x	x	x			x		
NC3	Comparer, ranger, encadrer des grands nombres entiers, les repérer et les placer sur une demi-droite graduée adaptée	x	x	x	x	x	x		
NC4	Comprendre et utiliser la notion de fractions simples						x	x	x
NC5	Repérer et placer des fractions sut une demi-droite graduée adaptée							x 1	x

		1	2	3	4	5	6	7	8
Utiliser et représenter les grands nombres entiers, des fractions simples, les nombres décimaux									
NC6	Encadrer une fraction par deux nombres entiers consécutifs						x 2	x 2	
NC7	Établir des égalités entre des fractions simples						x 2		
NC8	Comprendre et utiliser la notion de fraction simple								
NC9	Associer diverses désignations d'un nombre décimal (fractions décimales, écriture à virgule et décomposition)								
NC10	Repérer et placer des décimaux sur une demi-droite graduée adaptée								
NC11	Comparer, ranger, encadrer, intercaler des nombres décimaux								

Extrait de la programmation CM (sur le site).

C La continuité avec le cycle 2

Les élèves arrivent du cycle 2 avec des connaissances mathématiques très variées. Ils n'ont parfois connu qu'un enseignement très traditionnel, autour de fichiers ou de fiches enchainant des exercices d'entrainement. L'approche de la méthode est alors déstabilisante : part de l'oral très importante, nombreuses sollicitations des élèves, travail en ateliers, utilisation de jeux, etc.

De plus, la méthode confronte les élèves à leur compréhension des nombres dès les premières séances. Certains enfants qui avaient trouvé des stratégies pour faire illusion dans les fichiers qu'ils avaient auparavant se retrouvent alors en difficulté… notamment lorsqu'on leur demande le nombre de centaines d'un nombre.

Pour certains élèves, les lacunes sont déjà très importantes (incompréhension du système de numération, faiblesses en calcul mental ou en résolution de problèmes…) et elles sont souvent associées à un rejet de la discipline et à un manque d'engagement dans les activités. Les contenus de la méthode peuvent alors entrainer une certaine appréhension des enseignants qui pensent ne pas pouvoir la mettre en place avec leur classe. Il faut au contraire maintenir l'exigence, expliciter, leur redonner de bonnes bases. (cf. « pistes pour les élèves en difficulté », chapitre 8, p. 140).

La continuité sera facilitée sur les niveaux suivants si les élèves ont déjà pratiqué la méthode auparavant : ils connaitront les rituels de MHM, l'utilisation des mini-fichiers, certaines activités (jeu de la cible, fleur numérique…), ce qui sera un gain de temps certain dans la mise en œuvre des séances.

D Les supports

L'utilisation des cahiers est l'une des premières questions des enseignants de CM. La taille des cahiers notamment interpelle plus les enseignants de cycle 3 que ceux de cycle 2. En effet, ils ont parfois privilégié par le passé de grands cahiers, de grands classeurs, les photocopies au format A4 (parce que ce sont de « grands » élèves ?).

Le choix du format A5 est délibéré et répond à plusieurs objectifs :

– faciliter le repérage sur l'espace feuille, notamment pour les élèves en difficulté, qui n'est pas si aisé sur du format A4 (surtout pour les élèves souffrant de troubles -dys) ;

– répondre à des critères de lisibilité sur les mini-fichiers : la présentation est épurée (pas de fioritures, décorations inutiles, etc.), mais lisible (usage d'une police taille 12 *a minima*) ;

– donner une quantité de travail acceptable à l'élève : une fiche A4 d'exercices peut en effet démobiliser, notamment l'élève en difficulté ; une fiche A5 (voire une fiche A5 divisée en plusieurs parties) permet de se projeter dans l'activité et donc de s'y engager davantage.

Les autres supports de travail (outils de manipulation, forte utilisation de la droite graduée, etc.) demandent aussi une adaptation de la part des enseignants et nécessite généralement de compléter un matériel qu'ils n'utilisaient plus ou peu.

Le matériel dans le coin maths d'une classe.

Activités en CM1/CM2.

E Exemple d'une situation d'apprentissage

Je présente ici un exemple d'un travail mené avec les CM. Il s'agissait de créer un graphique mathématique : l'histogramme. Voici les différentes étapes du travail mené en classe.

1. L'enseignant annonce aux élèves l'objet d'apprentissage : « Nous allons apprendre à représenter des informations sous une forme mathématique. Lors de notre séance de travail en sciences, nous avons parlé de la taille des êtres humains. L'information qui va nous intéresser, c'est donc la taille que vous mesurez. »

La consigne est ensuite présentée : noter la taille de chaque élève. Certains la connaissent, mais la discussion permet de faire émerger la nécessité d'un âge ou d'une date commune comme repère.

2. On procède à la mesure de chaque élève. C'est un travail très concret. Cette proposition soulève des questions mathématiques : *comment faire, quel outil utiliser* (mais aussi la question du langage : longueur/taille).

Le consensus s'est fait sur la fabrication d'une toise, charge dont s'est acquitté un groupe d'élèves. Un autre groupe a réalisé les mesures et le relevé des tailles de chacun.

3. Il s'agit ensuite de convertir ce relevé en graphique. La première étape consiste à faire prendre conscience aux élèves que les mesures sont très variées. Une discussion collective conduit à la nécessité d'un classement des informations sous forme d'encadrements.

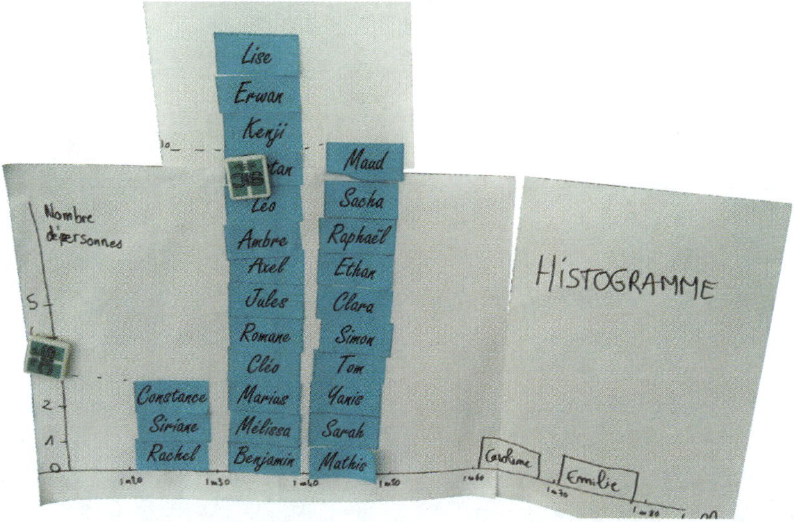

Première ébauche avec chaque élève, mais aussi avec l'enseignante et l'AVS.

4. Il faut alors « mathématiser » la représentation et donc passer à une modélisation que chacun reproduit dans son cahier.

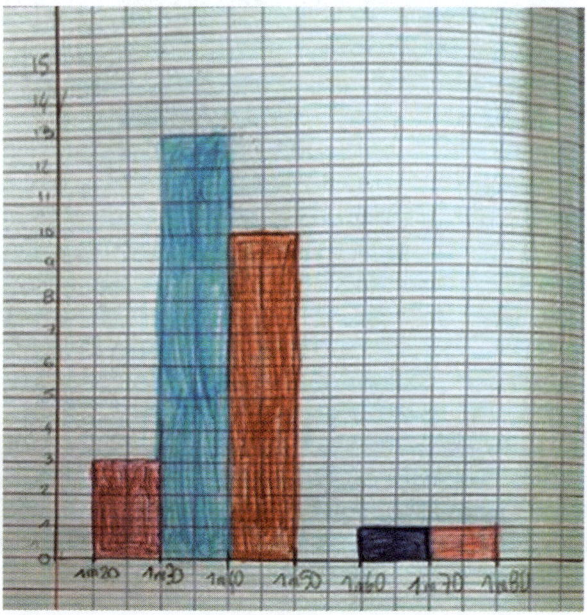

Mathématiques et géométrie en CM2.

F MHM au collège

⇨ Peut-on utiliser la méthode MHM au collège ?

Les contenus pour la 6e n'ont pas été conçus faute de temps et de testeurs. La classe de 6e a un fonctionnement particulier : moins d'heures hebdomadaires, des séances de 50 minutes réelles, souvent peu de matériel disponible, des contraintes d'évaluation liées à un fonctionnement trimestriel.

Toutefois, la méthode est facilement transposable au collège. L'ensemble des principes pédagogiques et didactiques reste valable. Il est possible de construire des séances de 50 minutes sur la même base : activités orales, calcul mental et situations d'apprentissage. La résolution de problèmes rentrerait alors dans cette dernière partie. Au regard de la programmation des contenus, il y a peu de nouveautés en classe de 6e, mais beaucoup de révisions et d'approfondissements.

Quant au cycle 4, il faudrait envisager une programmation sur le même principe. Il y a de nombreuses nouvelles notions. La manipulation devrait garder sa place en étant associée à une réflexion sur la visualisation des concepts et des procédures.

Quelles difficultés donc au collège ? Encore plus qu'en CM, la méthode bouscule totalement l'approche de l'enseignement des mathématiques encore majoritairement formaté au collège par une programmation séquencée, des manuels figés et une primauté donnée aux exercices. La question des devoirs serait aussi à interroger. *In fine*, c'est toute la posture professionnelle que cela interroge.

La méthode propose des affiches « philosophiques » pour accompagner le changement de rapport aux mathématiques1. Ces maximes sont vraies de la maternelle au lycée !

Les mathématiques nous apprennent à réfléchir !

M.H.M

L'erreur est un moyen pour apprendre !

M.H.M

Un problème peut être résolu de différentes façons !

M.H.M

Nous pouvons tous réussir !

M.H.M

CHAPITRE

12

La maternelle

La recherche a prouvé que l'enfant possède très jeune des intuitions mathématiques (discrimination de petites quantités) qui peuvent être utilisées comme base des apprentissages. Deux points sont primordiaux dès leur entrée à l'école :

– le **langage**, qui a un rôle prépondérant ;

– le **jeu**, qui est une modalité d'apprentissage à favoriser.

A Les principes didactiques

Les neuroscientifiques (comme Stanislas Dehaene) proposent le modèle dit du « triple code » pour l'étude des processus numériques. Ce modèle présente trois types de représentations associées à des localisations cérébrales différentes :

– la **représentation analogique** (les constellations du dé, des symboles : des ronds pour symboliser des jetons…) : elle sert à effectuer des comparaisons et des calculs approximatifs ; cette représentation est liée à la signification des quantités qui sont représentées mentalement sur une ligne numérique ;

– la **représentation verbale** orale ou écrite : le « quatre » est associé au nombre de façon conventionnelle ; cette représentation peut être complexe par l'apprentissage qu'elle sous-entend (quatre-vingt-dix-huit : $98 = 4 \times 20 + 10 + 8$) ;

– la **représentation chiffrée** (visuelle) à partir des chiffres, avec toutes les difficultés que notre système de numération sous-tend : elle est utilisée pour les calculs et opérations.

Les relations entre ces trois représentations sont importantes et nécessaires. L'élève doit pouvoir passer de l'une à l'autre selon ses besoins. Les représentations se développent très tôt, dès les premières années. La première étape va être pour le jeune enfant de reconnaitre de petites quantités et d'être capable de faire des estimations (un peu, beaucoup). Puis il va apprendre les mots nombres et les associer aux quantités perçues. Il s'agira ensuite d'associer les trois représentations : les quantités, les mots nombres et l'écriture symbolique, ce qui permettra de se construire une image mentale de la suite des nombres, à condition de la construire comme le préconise Rémi Brissiaud[1].

L'enseignement des mathématiques à l'école maternelle vise surtout la **construction du concept de nombre**. Cela demande la mise en place de situations d'apprentissage pour :

– donner du sens au nombre : le nombre sert à exprimer une quantité, mais aussi à comparer, à se repérer… ;

– comprendre et faire correspondre les différentes représentations des nombres ;

– dénombrer, mais en faisant bien la différence entre comptage numérotage et comptage dénombrement ! ;

– jouer avec les nombres au travers de leurs propriétés : un nombre est construit par l'itération du nombre précédent, on peut décomposer un nombre, comparer des nombres…

Rémi Brissiaud insiste sur le travail sur le nombre, ses décompositions et le dialogue avec l'enfant. L'élève doit comprendre notamment que :

– 2, c'est « un et encore un » (certaines comptines peuvent être associées à ce travail) ;

– les nombres se représentent de différentes façons (les représentations des doigts par exemple) ;

– le genre (une brique) ne change pas le nombre d'unités (varier les objets, utiliser les dés…).

1. *Premiers pas vers les maths*, Éditions Retz, 2007.

Ces remarques ne sont pas exhaustives. La lecture des ouvrages de Rémi Brissiaud ou de Claire Margolinas et Floriane Wozniak[2] est fortement conseillée pour avoir une base didactique solide sur la construction du nombre en maternelle. Pour certains élèves, l'accès au concept est très difficile et ils ne peuvent encore accéder à ce niveau d'abstraction. Il faut laisser le temps aux enfants et ne pas oublier l'impact important de l'âge à l'école.

B Propositions

Les contenus de la méthode heuristique n'ont pas été conçus à la séance près pour les classes de maternelle. Tous les points présentés dans les chapitres 1 à 7 restent cependant parfaitement valables. Plusieurs classes double niveau GS-CP ou triple niveau GS-CP-CE1 ont fait profiter leurs élèves de grande section de la méthode. Les résultats ont à chaque fois été assez impressionnants, même si je ne les ai pas quantifiés.

La première difficulté en maternelle est la quantité horaire dévolue à l'enseignement des mathématiques, les programmes ne répondant pas à cette interrogation. Un sondage fait en 2010 auprès de plus d'une centaine d'enseignants de MS et GS avait montré des disparités importantes : les temps d'enseignement spécifiques aux mathématiques allaient de 30 minutes par semaine à presque 5 heures. On imagine bien l'impact sur les apprentissages des élèves !

La séance type

Si on se réfère aux programmes de cycle 2, il semble nécessaire de consacrer environ **une heure par jour aux mathématiques.** C'est un enseignement qui doit être organisé et non informel. Voici ce qu'on pourrait prévoir.

2. *Le Nombre à l'école maternelle*, Claire Margolinas et Floriane Wozniak, De Boeck Éditions, 2012.

• Un **rituel sur l'appel**, comme proposé sur l'excellent site objectifmaternelle.fr. Ce rituel, appelé « la tour d'appel », permet de mettre en place une situation mathématique riche et porteuse de sens.

• Des **activités ritualisées pendant 15 minutes par jour.** Cela peut être fait en deux fois. Un ensemble d'activités ritualisées, testées dans des classes de MS-GS, est proposé sur le site MHM. C'est aussi sur ce temps qu'on pourra travailler sur des comptines numériques ou sur des albums mathématiques.

• Un **temps d'atelier de 25 minutes par jour** : ce temps d'atelier sera soit guidé, soit autonome, sur la construction de compétences ciblées. Il pourra s'agir d'un travail sur la numération, la résolution de problèmes, la géométrie ou la mesure. Ainsi, sur le site MHM sont proposées différentes activités : travail sur les compositions/décompositions de nombres, situations problèmes, utilisation de mini-fichiers.

• Un **temps de jeu de 15 minutes par jour** : le jeu est une modalité importante en maternelle. Ce temps pourra être fait en autonomie ou en présence d'un adulte (enseignant ou ATSEM). Si l'adulte est là, il en profitera pour étayer, faire verbaliser les élèves, expliciter les savoirs sous-jacents, mettre du sens. Ce temps de jeu peut prendre deux formes :

– des jeux mathématiques : jeu de bataille, jeu du car, jeu des coccinelles (GS), jeu de la marchande, mais aussi des jeux commerciaux (*Batawaf, Pig 10…*).

– des jeux de construction : puzzles ou jeux de type « architek », tangrams… Ils seront de préférence associés à des fiches de construction, mais aussi des feuilles de route qui proposeront aux élèves une progression dans les apprentissages.

Les jeux peuvent être individuels ou en groupe (binômes, trinômes). Les interactions entre les élèves permettent aussi de construire le savoir, notamment en adaptant la consigne pour rendre nécessaire l'échange. Par exemple, après une construction avec des cubes sur la base d'un modèle, on peut demander à un élève de dicter à un autre ce qu'il doit dessiner pour représenter la construction.

Ce schéma de séance type pourra être adapté pour :

– mettre en place des situations d'apprentissage plus longues, en augmentant la durée de l'atelier par exemple (c'est parfois nécessaire sur des tâches qui comportent plusieurs consignes. Toutefois, cela demande de la vigilance sur les capacités d'attention des élèves et le maintien de leur engagement) ;

– proposer des projets mathématiques spécifiques : création d'un livre à compter, rallyes mathématiques, projet arts et mathématiques, etc.

C Ressources

Le site de la méthode propose de nombreuses ressources pour vous accompagner :

– des activités ritualisées et des comptines ;

– des activités d'apprentissage, de situations problèmes ;

– des rallyes mathématiques (un rallye complet sur le thème du tour du monde) ;

– des jeux mathématiques, des liens vers des activités numériques ;

– une liste d'albums en lien avec les mathématiques.

Ces ressources seront régulièrement mises à jour et complétées.

Il vous reste à construire une programmation au sein de l'école, à réfléchir à l'évaluation en lien avec le carnet de suivi, à travailler en équipe et à vous former sur les points didactiques nécessaires.

Jeu des coccinelles en GS.

CHAPITRE

13

Compléments

A La promenade mathématique

La promenade mathématique est un **projet complémentaire**, sans obligation, mais très efficace et utile. C'est une pratique ancienne des classes Freinet. On l'appelle parfois « balade mathématique ». Lors d'une sortie à pied autour de l'école (ou ailleurs), les élèves vont chercher à faire le lien entre ce qu'ils connaissent des mathématiques et « la vraie vie ».

Ce projet, qui occupe une demi-journée, est très porteur et gagnerait à être fait au moins une fois par cycle. C'est une vraie sortie pédagogique. L'objectif est de faire prendre conscience aux élèves de la présence des mathématiques dans l'environnement quotidien. La nécessité de donner du sens aux apprentissages est importante, particulièrement en milieu défavorisé, pour donner accès à de nouveaux savoirs. L'organisation se fait en deux temps.

1. La sortie

• Se promener dans le village, la ville, avec appareils photo et matériel pour noter et dessiner. La promenade doit durer entre 30 minutes et 1 heure pour récolter suffisamment de matériel. Il faut organiser cette sortie pas trop tôt dans l'année, le temps qu'un certain nombre d'apprentissages se soient mis en place… mars-avril peut être idéal pour continuer à enrichir ensuite.

• Annoncer l'objectif de la promenade : « Il faut récolter une photo, une trace de tout ce qui nous semble mathématique autour de nous ».

• Pendant la promenade, demander aux élèves de photographier, de dessiner et de justifier pourquoi ce qu'ils ont noté relève des mathématique pour eux.

On étayera pour les aider à percevoir ce qui est géométrique (la forme des rues, la forme des panneaux, les triangles sur les toits, etc.), ce qui relève de la mesure (la vitesse ou les distances sur des panneaux, une horloge publique, un distributeur d'argent, etc.) ou de la numération (les nombres que l'on voit, comment les nombres sont mis aux portes, les plaques d'immatriculation…). Il est très intéressant que des parents soient présents. Lorsque cela a été le cas, le retour a été encore plus positif.

2. Le retour en classe

• Afficher ou montrer les photos pour une discussion collective. Faire verbaliser avec les élèves les termes mathématiques. Les élèves se mettent par groupe et créent une affiche pour mettre en lien ce qu'ils ont découvert (classement, catégorisation, commentaires…).

• Commenter les affiches en allant plus loin :

– distinction entre chiffre, nombre et numéro (plaque d'immatriculation) ;

– distinction entre nombre pour nommer (âge sur une plaque de rue) ou pour compter (distance sur un panneau) et nombres pour les mesures, etc. ;

– lien entre la forme des panneaux et leur signification.

• Faire une synthèse. Leur proposer d'ajouter par la suite les nouvelles choses qu'ils verraient…

L'article sur le site de la méthode vous propose plusieurs liens pour approfondir ce projet[1].

1. Cf. https://huit.re/promenade-maths.

B M@ths en-vie

www.ac-grenoble.fr/ien.st-gervais/mathenvie

M@ths en-vie est un projet interdisciplinaire en français et mathématiques avec utilisation d'outils et de ressources numériques dont les activités pourront naturellement trouver leur place au sein de la MHM. Je l'ai d'ailleurs directement conseillé lors des séances de régulation.

Ce projet vise à améliorer les compétences des élèves en mathématiques et notamment en résolution de problèmes, en prenant appui sur des photos numériques ou des ressources en ligne. Il s'adresse aux élèves des trois cycles de l'école primaire et repose sur deux objectifs principaux :

– ancrer les mathématiques dans le réel afin d'améliorer la compréhension en résolution de problèmes ;

– développer la perception des élèves sur les objets mathématiques qui nous entourent.

Condition : les supports numériques ne sauraient être que de simples illustrations. Ils contiennent un ou des éléments mathématiques qu'il est nécessaire de prélever pour pouvoir résoudre le problème.

Les enjeux

Toutes les activités tournent autour de photos numériques prises dans l'environnement quotidien des élèves. Les élèves s'exercent à repérer des situations réelles pouvant faire l'objet d'un investissement mathématique, ils se créent ainsi un répertoire de représentations qu'ils pourront ensuite mobiliser dans d'autres situations similaires. À travers les photographies, les élèves :

– construisent l'intérêt d'apprendre les mathématiques, car cette discipline s'inscrit dans leur réalité de tous les jours ;

– mettent du sens derrière chaque donnée afin de pouvoir entrer dans une démarche de résolution ;

– construisent des ordres de grandeur et exercent un regard critique sur les solutions de leurs problèmes ;

– se constituent un répertoire mental de représentations qui sera convoqué dans des problèmes similaires.

L'utilisation de la photo permet de créer un temps intermédiaire entre une situation vécue, réelle, et une abstraction visée par l'exercice scolaire.

Ce dispositif permet de faire des liens avec d'autres disciplines et notamment de travailler de nombreuses compétences sur la maitrise de la langue écrite et orale. Différents types d'activités peuvent être proposées : catégoriser ou travailler sur une collection, prélever des informations, identifier des éléments mathématiques, travailler sur les mesures et les ordres de grandeur, résoudre un problème, réaliser des sorties mathématiques, créer des énoncés de problème, imaginer des situations mathématiques.

M@ths en-vie, c'est :

- **un site internet** : http://www.ac-grenoble.fr/ien.st-gervais/mathsenvie
- **un site de la communauté** avec accès aux réseaux sociaux : Twitter, Facebook, Instagram : http://mathsenvie.fr
- **une publication** chez Génération5 : 34 activités concrètes à mettre en œuvre en classe de la PS au CM2 et 3 logiciels pour faire vivre les activités.

C Autres propositions

La méthode MHM propose un certain nombre d'activités complémentaires sur le site :

– des jeux mathématiques, défis, activités thématiques (sur Noël), lapbooks… ;

– des propositions de matériels innovants ;

– des activités culturelles : pour les CM, un travail sur les anamorphoses ; d'autres suivront.

Ces compléments font partie des outils de différenciation de la méthode :

– soit ils sont utilisés pour les élèves qui avancent vite, qui sont très performants ;

– soit ils sont proposés aux élèves en difficulté comme une autre approche de la notion qu'ils ont du mal à appréhender.

Ils seront enrichis régulièrement sur le site et vous êtes libres d'utiliser vos propres compléments, tant les possibilités sont vastes.

Exemple de lapbook (CE2).

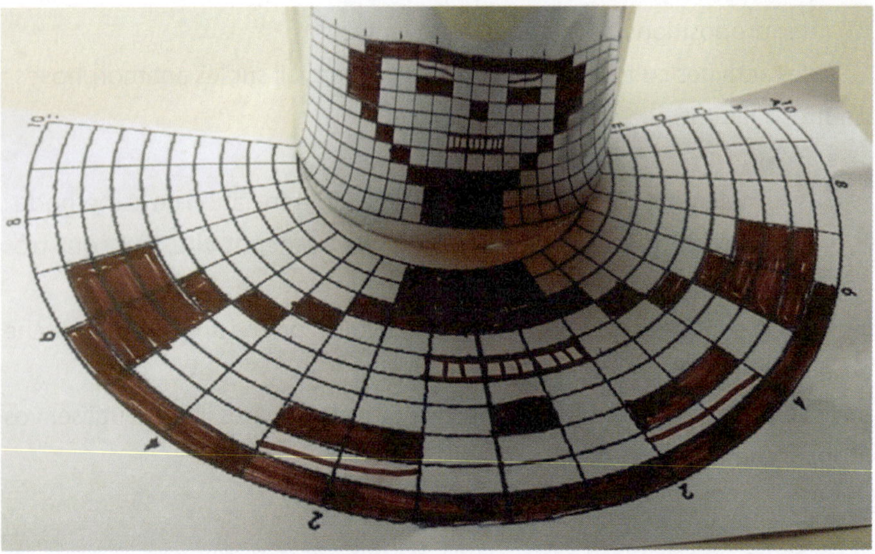

Exemple d'anamorphose (CM1).

Conclusion

Le secret de la méthode

Cet ouvrage est la pierre angulaire de la méthode. Il est à craindre que beaucoup ne le lisent pas et appliquent la méthode sur la seule base des documents en ligne. Ce serait évidemment passer à côté du cœur des principes adoptés et, surtout, cela risque de ne pas fonctionner.

Et oui, il y a un « secret » dans cette méthode (comme dans toutes…). Enseigner, c'est comme cuisiner. La même recette sera élaborée et préparée de différentes façons selon les cuisiniers (apprentis ou experts) pour un résultat très variable… même avec les meilleures recettes du monde ! Pourquoi cela ? Car tout n'est jamais écrit en cuisine. La recette est un guide qui cache des tours de main, une connaissance des produits, de son propre matériel (un four ne ressemble pas à un autre) et de nombreux détails qui feront la réussite de la recette ou non… Prenez l'exemple des macarons : beaucoup s'y sont essayés et tous n'ont pas réussi, malgré les astuces délivrées ici ou là.

Enseigner, c'est la même chose. Encore plus lorsqu'on suit une méthode comme celle-ci (ou comme d'autres, en français, en sciences…).

Les séances cachent des gestes professionnels qui s'apprennent. La mise en œuvre de la méthode MHM requiert un certain nombre de connaissances didactiques et de compétences professionnelles (observer, évaluer, écouter, analyser…). Mettre en place la méthode sans avoir lu ce guide qui explicite tous ces principes, gestes et actions nécessaires revient à faire une recette de cuisine sans connaitre la nature de la moitié des ingrédients… ou les cuire avec l'emballage !

Ainsi, la durée des différentes étapes des séances n'est volontairement pas indiquée. C'est à l'enseignant de jauger (juger) de la pertinence de poursuivre telle ou telle activité, de jouer sur telle ou telle variable didactique. Par exemple, si vous avez un atelier avec un jeu qui tourne bien, il est probable qu'au bout de 15 minutes les élèves se lassent. Même si ce n'est pas écrit, il vous revient d'agir : faire évoluer le jeu (nouvelles cartes, nouvelles règles, changement d'équipes, imposer un temps chronométré, faire écrire la trace du jeu, etc.) ou mettre les élèves en autonomie sur un mini-fichier, un autre jeu.

De la même façon, la gestion des activités orales et du calcul mental exige une réflexion. Si je demande « 7 + 4 = ? », est-ce que je m'arrête à « Oui, c'est 11, suivant… » ? Parfois oui, car je jugerai que ce n'est pas utile d'en faire plus. Parfois non, car en regardant les résultats sur les ardoises, les erreurs affichées, les mines déconfites des élèves, le temps qu'il leur a fallu, je me dirai « oh là, là… il faut que je prenne 5 minutes de plus » et je leur demanderai alors comment on peut faire pour trouver le résultat, j'étayerai, je ferai de la rétroaction…

Ces ajustements ne sont pas explicités dans les séances, car ils relèvent du rôle de l'enseignant, c'est sa part de « professionnalité » dans la mise en œuvre des contenus ! Bref, je ne propose pas de méthode miracle, juste une solution pragmatique à l'enseignement des mathématiques. Le secret, c'est vous !

La méthode n'est pas statique, elle sera amenée à évoluer, preuve en est cette troisième version du guide ! La méthode sera ce que vous en ferez !

Annexes

Annexe 1

Programmation annuelle du CP au CM2	Nombre de séances	Dont séances de régulation
Module 1	6	0
Module 2	6	1
Module 3	8	1
Module 4	8	1
Module 5	7	1
Module 6	6	1
Module 7	7	1
Module 8	7	1
Module 9	6	1
Module 10	7	1
Module 11	6	1
Module 12	7	1
Module 13	8	1
Module 14	7	1
Module 15	6	1
Module 16	5	1
Module 17	5	1
Module 18	5	1
Module 19	7	1
Module 20	8	1
Module 21	8	1
Module 22	7	1
Module 23	6	0
Module 24	7	7
Total	160	160

Annexe 2

Proposition de schématisation de problèmes (1)

En comparant à une histoire.

Début de l'histoire ou information 1	**Milieu de l'histoire ou information 2**	**Fin de l'histoire ou question**

Exemple :

PROBLÈMES (1) ★ **13**

Pour l'anniversaire de Noé, la maitresse a 27 parts de gâteau. Il y a 21 élèves présents.

Combien de parts restera-t-il après l'anniversaire ?

Début de l'histoire ou information 1 : **27 parts de gâteau**	Milieu de l'histoire ou information 2 : **21 élèves donc 21 parts de gâteau en moins**	Fin de l'histoire ou question : **Combien de parts reste-t-il ?**

$$27 - 21 = ?$$

Annexe 3

Propositions de schématisation de problèmes (2)

En utilisant des ensembles.

Exemple :

PROBLÈMES (1) ★ **13**

Pour l'anniversaire de Noé, la maitresse a 27 parts de gâteau. Il y a 21 élèves présents.
Combien de parts restera-t-il après l'anniversaire ?

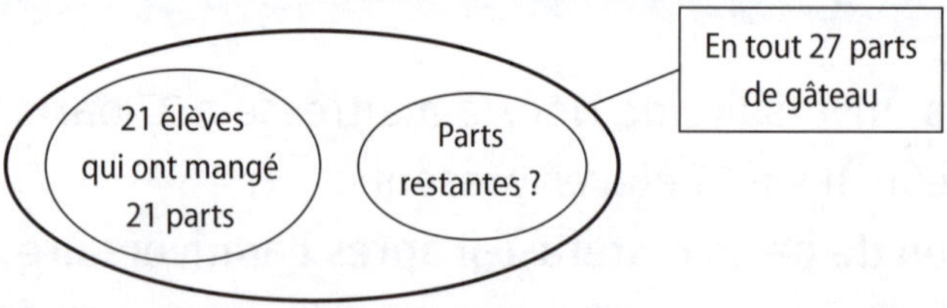

$$27 - 21 = ?$$

En utilisant une représentation en « barres » (comme dans la méthode de Singapour).

Exemple :

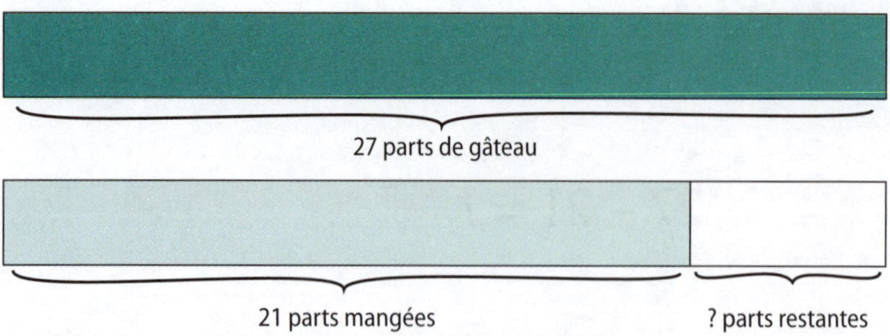

Références bibliographiques

• ALEXANDRE Danielle (2010), *Anthologie des textes clés en pédagogie, des idées pour enseigner*, ESF Éditeur.

• ALVAREZ Aurelien (2012), « Sciences cognitives et mathématiques », repéré à http://images.math.cnrs.fr/Sciences-cognitives-et.html.

• ANDRIEU Sandra, Ben Ali Linda, Rocher Thierry (2016), « Évaluation numérique des compétences du socle en début de sixième : des niveaux de performance contrastés selon les académies », DEPP, note d'information n° 18.

• ANTIBI André (2003), *La Constante macabre*, Toulouse, Math'Adore.

• ARTIGUE Michèle (2011), « Le défi de l'enseignement des mathématiques dans l'éducation de base », UNESCO.

• ASTOLFI Jean-Pierre (1997), *L'Erreur, un outil pour enseigner*, ESF.

• BARRIAULT Lucie (2017), « Comment devrait-on enseigner les mathématiques ? », RIRE (Réseau d'information pour la réussite éducative), repéré à http://rire.ctreq.qc.ca/2017/03/math-infographie.

• BARRIAULT Lucie (2016), « 8 stratégies d'enseignement recommandées par Hattie et Marzano », RIRE (Réseau d'information pour la réussite éducative), repéré à http://rire.ctreq.qc.ca/2016/04/strategies-hattie-marzano/.

• BARRIAULT Lucie (2015), « Hattie et ses stratégies efficaces d'enseignement », RIRE (Réseau d'information pour la réussite éducative), repéré à http://rire.ctreq.qc.ca/2015/07/strategies-efficaces-enseignement/.

• BARTH Britt-Mari (1985), « Jérôme Bruner et l'innovation pédagogique », *Communication et langages* n° 66, pp. 46-58.

• BARTH Britt-Mari (1994), *L'Apprentissage de l'abstraction*, Retz.

• BARTH Britt-Mari (2013), *Élève chercheur, enseignant médiateur*, Retz.

• BARUK Stella (2003), *Comptes pour petits et grands*, vol. 1, « Pour un apprentissage du nombre et de la numération, fondé sur la langue et le sens », Magnard.

• BARUK Stella (2003), *Comptes pour petits et grands*, vol. 2, « Pour un apprentissage des opérations, des calculs et des problèmes, fondé sur la langue et le sens », Magnard.

• BAUDRIT Alain (2007), « Apprentissage coopératif/Apprentissage collaboratif : d'un comparatisme conventionnel à un comparatisme critique », *Les Sciences de l'éducation - Pour l'ère nouvelle*, Cerse, Université de Caen.

• BELANGER Jean-Philippe, Deblois Lucie (2016), « La résolution de problèmes vue par les élèves qui manifestent des réactions d'anxiété ou d'agitation », Aqep, *Vivre le primaire*, vol. 29, n° 2.

• BERDONNEAU Catherine (2007), *Mathématiques actives pour les tout-petits*, Hachette.

- BERNARD Julia et autres (2017), « Présidentielle : n'oublions pas la science ! », repéré à http://smai.emath.fr/spip/IMG/pdf/tribune_societes_savantes.pdf.
- BRET Anaïs, KESKPAIK Saskia, ROUSSEL Lea, VERLET Irene (2016), « Les élèves de 15 ans en France selon PISA 2015 en culture scientifique : des résultats stables, toujours marqués par de fortes inégalités », DEPP, note d'information n° 37.
- BRISSIAUD Rémi (2003), *Comment les enfants apprennent à calculer*, Retz.
- BRISSIAUD Rémi (2017-2018), articles publiés sur le café pédagogique.
- BROWN Peter C., ROEDIGER Henry L., MCDANIEL Marka A. (2016), *Mets-toi ça dans la tête !*, éditions Markus Haller.
- CENTRE Alain Savary, « Enseigner plus explicitement », un dossier ressource de l'Ifé, repéré à http://centre-alain-savary.ens-lyon.fr/CAS/documents/publications/docs-enseignement-plus-explicite/dossier-ressource-explicite.
- CENTRE Alain Savary, « De la question des devoirs à l'apprentissage de l'autonomie dans le travail personnel, pistes et ressources pour la formation », repéré à https://huit.re/devoirs-autonomie.
- CHARBONNIER Daniel, HOUCHOT Alain, KERRERO Christophe, MOUTOUSSAMY Isabelle, THOLLON Frédéric (2013), « La notation et l'évaluation des élèves éclairées par des comparaisons internationales », rapport n° 2013-072 de l'Inspection Générale de l'Éducation Nationale.
- CHARNAY Roland, DOSSAT Luce, FROMENTIN Jean, HOUDEMENT Catherine, MATULIK Nicole, PIGOT Guy, PLANCHETTE Paul (2002), *Mathématiques, Cycle des apprentissages fondamentaux (cycle 2)*, Centre national de documentation pédagogique.
- CHARNAY Roland, COLOMB Jacques, DOUAIRE Jacques, GUILLAUME Jean-Claude, VALENTIN Dominique (2005), *Apprentissages numériques et résolution de problèmes CP* et *Apprentissages numériques et résolution de problèmes CE1*, coll. Ermel, Hatier.
- CIEUTAT Pierre, CONNAC Sylvain (2014), « Constructivisme ou enseignement explicite ? », *Les cahiers pédagogiques*, repéré à http://www.cahiers-pedagogiques.com/Constructivisme-ou-enseignement-explicite.
- CNESCO (2015), « Nombres et opérations : premiers apprentissages à l'école primaire », conférence repérée à http://www.cnesco.fr/fr/numeration/.
- COLMAN Marc, LE CAM Marion (2016), « TIMSS 2015 mathématiques et sciences - Évaluation internationale des élèves de CM1 », DEPP, note d'information n° 33.
- CONNAC Sylvain (2009), *Apprendre avec les pédagogies coopératives : démarches et outils pour l'école*, ESF Éditeur.
- COPPE Sylvie, HOUDEMENT Catherine (2010), « Résolution de problèmes à l'école primaire française : perspectives curriculaire et didactique », colloque de la COPIRELEM, juin 2009.
- CUSSET Pierre-Yves (2014), « Les pratiques pédagogiques efficaces - Conclusions de recherches récentes », document de travail France Stratégie.
- DALIBARD Étienne, PASTOR Jean-Marc (2015), « CEDRE 2014 – Mathématiques en fin d'école primaire : les élèves qui arrivent au collège ont des niveaux très hétérogènes », DEPP, note d'information n° 18.
- DANIEL Céline, DEMOULIN Hugues (2011), « Résultats scolaires, appréciations et genre », repéré à http://slideplayer.fr/slide/1316764/.
- DUCROCQ David, conférence sur la neuroéducation repéré à http://www.david-ducrocq.fr/.
- DURPAIRE Jean-Louis, MEGARD Marie (coord.), « Le nombre au cycle 2 et le nombre au cycle 3 », repéré à eduscol.education.fr.
- DIAS Thierry (2012), *Expérimenter et manipuler en mathématiques. Comprendre les difficultés des élèves pour mieux les résoudre*, Magnard.
- DIAS Thierry (2015), *Nous sommes tous des mathématiciens*, Magnard.

• DUPLAY Jean-Paul, « Enseigner les mathématiques : que d'occasions ratées ! Pourquoi faut-il changer de pédagogie en mathématiques ? Et, si oui, sait-on le faire ? », repéré à https://www.meirieu.com/ECHANGES/enseigner%20les%20math%20_JP%20Duplay.pdf.
• DURU-BELLAT Marie (2016), « Classement PISA : ce qui se confirme et ce qui change », repéré à https://theconversation.com/classement-pisa-ce-qui-se-confirme-et-ce-qui-change-70025.
• EDUSCOL (2016), « Mathématiques et maîtrise de la langue », eduscol.education.fr.
• EDUSCOL (2014), « Guide - Une école bienveillante face aux situations de mal-être des élèves », eduscol.education.fr.
• TALIS (2014), « Enseignant en France : un métier solitaire ? », DEPP, note d'information n° 23.
• FEYFANT Annie (2011), « Les effets de l'éducation familiale sur la réussite scolaire », dossier d'actualité Veille et analyses de l'IFÉ n° 63.
• FEYFANT Annie (2015), « Apprentissage des nombres et opérations : les données du problème », dossier d'actualité Veille et analyses de l'IFÉ n° 102.
• GARFORTH Kathryn, « La stratégie d'enseignement concrète – représentationnelle – abstraite en mathématiques », repéré à https://www.taalecole.ca/modules/strategies-cra/concrete/.
• GASPAR Éric (2012), « Introduction à la neuroéducation », repéré à http://revue.sesamath.net/spip.php?article391.
• GENINET Armelle (2015), *Faites-les réussir en maths, de l'école à l'entrée au lycée*, Chronique Sociale.
• GIMONNET Bertrand (2016), « De la bienveillance éducative », *Les Cahiers pédagogiques*, dossier n° 532.
• GRANDSERRE Sylvain, LESCOUARCH Laurent (2009), *Faire travailler les élèves à l'école, sept clés pour enseigner autrement*, ESF Editeur.
• HATTIE John, « Classement de Hattie : Liste de facteurs pour la réussite scolaire », repéré à https://visible-learning.org/fr/john-hattie-classement-facteurs-reussite-apprentissage/.
• HUIN Fabrice (2017), « Améliorer les résultats en mathématiques : la rétroaction », repéré à https://www.mathematices.be/2017/04/10/ameliorer-les-resultats-en-mathematiques-la-retroaction/.
• HUIN Fabrice (2016), « Méta-analyse de John Hattie », repéré à http://www.mathematices.be/2016/12/05/meta-analyse-de-john-hattie/.
• HUTCHINSON Nancy & MATHESON Ian, « La représentation visuelle en mathématiques », repéré à https://www.taalecole.ca/la-representation-visuelle/.
• LARIVAIN Catherine (2006), « Les enseignants des écoles publiques et la formation », DEPP, dossier.
• LETIELLEUX Claie (1993), « Le calcul mental au cycle des approfondissements », tome 2, Armand Colin.
• LOZAC'H Anthony (2014), « La bienveillance à l'école, un concept dont il faut se saisir », repéré à https://ecolededemain.wordpress.com/2014/10/22/la-bienveillance-a-lecole-un-concept-dont-il-faut-se-saisir/.
• MEIRIEU Philippe, « L'éducabilité », repéré à https://www.meirieu.com/DICTIONNAIRE/educabilite.htm.
• MEIRIEU Philippe, « Méthode Pédagogique », repéré à https://www.meirieu.com/DICTIONNAIRE/methodepedagogique.htm.
• MEIRIEU Philippe, « L'Éducation et le rôle des enseignants à l'horizon 2020 », rapport pour l'Unesco.
• MEIRIEU Philippe (2012), « L'Éducation Nouvelle : carrefour de malentendus… et creuset de la tension fondatrice de l'entreprise éducative », repéré à https://www.meirieu.com/ARTICLES/educ_nouv_malentendus.pdf.
• MERLE Pierre (2007), *Les Notes : secrets de fabrication*, Éducation et société.
• Ministère de l'Éducation nationale (2012), « Concertation sur la refondation de l'école de la République Formation des enseignants : éléments de comparaison internationale », ladocumentationfrancaise.fr.
• Ministère de l'Éducation, du Loisir et du Sport du Québec (2014), « Agir autrement en mathématique pour la réussite des élèves en milieu défavorisé », education.gouv.qc.ca.

• MOSCONI Nicole (2009), « Genre et pratiques scolaires : comment éduquer à l'égalité ? », Eduscol, repéré à http://eduscol.education.fr/cid47785/genre-et-pratiques-scolaires%C2%A0-comment-eduquer-a-l-egalite%C2%A0.html.

• NGHAN Hoe Lee, PEN Yee Lee (2009), *Méthode de Singapour*, La Librairie des Écoles.

• OCDE (2015), « PISA 2015 – Résultats à la loupe », repéré à https://www.oecd.org/pisa/pisa-2015-results-in-focus-FR.pdf.

• PAGEAU Laurie (2016), « L'enseignement basé sur des données probantes : 10 stratégies et 30 moyens de le mettre en pratique dans vos classes », RIRE (Réseau d'information pour la réussite éducative), repéré à : http://rire.ctreq.qc.ca/2016/07/enseignement-donnees-probantes/.

• PAJARES F. et KRANZLER J. (1995), « Self-efficacy beliefs and general mental ability in mathematics problem solving", *Contemporary Educational Psychology*, vol. 20, n° 4, pp. 426-443.

• PASQUINELLI Elena, *Mon Cerveau, ce héros : mythes et réalité*, Le Pommier.

• PASTOR Jean-Marc (2012), *Mathématiques en fin d'école primaire, le bilan des compétences*, Scérén.

• RAULIN Dominique (coord) (2002), « Le métier d'enseignant en Europe », *Revue Internationale d'Éducation* de Sèvres.

• ROBINSON Ken (2006), « Ken Robinson nous dit en quoi l'école tue la créativité », conférence repérée à https://www.ted.com/talks/ken_robinson_says_schools_kill_creativity?language=fr.

• SCHWEYER Cléo (2014), « Maths-pourquoi-tant-de-haine », repéré à https://sciencespourtous.univ-lyon1.fr/maths-pourquoi-tant-de-haine/.

• SIEKKINEN Martti (2015), « Empathetic teachers enhance children's motivation for learning, University of Eastern Finland », repéré à http://www.uef.fi/en/-/opettajan-lamminhenkisyys-kasvattaa-lasten-oppimismotivaatiota.

• SUCHAUT Bruno (2009), « L'organisation et l'utilisation du temps scolaire à l'école primaire : enjeux et effets sur les élèves », repéré à https://halshs.archives-ouvertes.fr/halshs-00395539/document.

• TRICOT André (2017), « Quelles pistes concrètes proposer pour adapter les situations d'apprentissage ? », conférence de consensus du CNESCO sur la différenciation pédagogique, repéré à http://www.cnesco.fr/fr/conditions-de-reussite/.

• TRICOT André (2017), « Sous quelles conditions le numérique améliore-t-il les apprentissages scolaires ? », conférence dans le cadre du séminaire académique « Apprendre à l'ère du numérique » sur le salon EDUSPOT, repéré à http://www.dane.ac-versailles.fr/nos-projets/former/sous-quelles-conditions-le-numerique-ameliore-t-il-les-apprentissages-scolaires.

• VON ASTER M. & SHALEV R. S. (2007), « Number development and developmental dyscalculia », *Developmental Medicine & Child Neurology, 49*, pp. 868-873.

• WOLFRAM Conrad (2010), « Enseigner les vraies mathématiques aux enfants avec l'ordinateur », conférence repérée à https://www.ted.com/talks/conrad_wolfram_teaching_kids_real_math_with_computers?language=fr.

Table des matières

Préface 3

Les apports de la version 3 5

Introduction

Comment changer les choses ? 8

CHAPITRE 1 – Les mathématiques et nous

A. Les mathématiques dans la société française 12

B. Les programmes 14

C. Les horaires 16

CHAPITRE 2 – État des lieux

A. Les résultats des élèves au travers des enquêtes 17

B. Les enseignants et les mathématiques 22

C. Les outils de travail des enseignants 25

CHAPITRE 3 – Réflexions initiales

A. Un enseignement rénové 31

B. La base de la méthode 32

CHAPITRE 4 – Un socle de fondamentaux

A. L'éducabilité 35

B. La bienveillance 37

C. L'évaluation 39

D. Le rôle de l'enseignant 43
E. Le rôle des parents 45

CHAPITRE 5 – Quels appuis scientifiques ?

A. La meta-analyse de John Hattie 49
B. Autres recherches 50
C. Les apports des neurosciences 52
D. Les recommandations du CNESCO 55
E. Le rapport Villani-Torossian 56

CHAPITRE 6 – Qu'est-ce que la MHM ?

A. Pourquoi est-ce une méthode ? 59
B. L'histoire de la méthode 60
C. L'évaluation de la méthode 61
D. Les principes de la méthode 67

CHAPITRE 7 – Points pédagogiques et didactiques

A. Le rôle de l'enseignant 73
B. Une pédagogie explicite 74
C. La programmation des apprentissages 77
D. Une programmation « neuronale » 78
E. L'évaluation 80
F. La didactique 84
G. Le travail coopératif 85
H. La manipulation 87
I. La question du langage 95
J. Penser « visuel » 97
K. Les supports d'apprentissage 98
L. La place du jeu 99
M. La résolution de problèmes 100

CHAPITRE 8 – Mise en œuvre de la méthode

A. Programmation annuelle 103
B. La classe 104
C. Le fonctionnement global 106
D. Une séance classique 108
E. Les séances de régulation 120
F. Concrètement 121
G. Les outils de manipulation 124
H. Les supports pédagogiques 133
I. La gestion du temps 138
J. La différenciation 139
K. Les leçons 143
L. Les devoirs 144

CHAPITRE 9 – Comment faire pour utiliser la méthode…

A. Dans les classes à cours triples ? 149
B. En CE2-CM1 ? 152
C. En classe spécialisée (SEGPA, ULIS) ? 153
D. Et les plans de travail ? 155

CHAPITRE 10 – Questions pratiques

A. Comment se lancer ? Par quoi commencer ? 157
B. Comment faire à temps partiel ? 158
C. Comment avancer dans les mini-fichiers ? 159
D. Comment travailler avec les parents ? 160
E. Et pour les enseignants débutants ? 161
F. Mais ça va trop vite ! 161

CHAPITRE 11 – Le cycle 3

A. Les spécificités du cycle 3 163
B. La programmation 164

C. La continuité avec le cycle 2 165
D. Les supports 166
E. Exemple d'une situation d'apprentissage 168
F. MHM au collège 171

CHAPITRE 12 – La maternelle

A. Les principes didactiques 173
B. Propositions 175
C. Ressources 177

CHAPITRE 13 – Compléments

A. La promenade mathématique 179
B. M@ths en-vie 181
C. Autres propositions 183

Conclusion

Le secret de la méthode 185

Annexes 187
Références bibliographiques 191

Crédits photographiques

p. 10 © Nicolas Pinel ; **p. 13** © vchalup - stock.adobe.com ; **pp. 28h-34-47-57** © Nicolas Pinel ; **p. 28** © Elodie Henriet ; **p. 58** avec l'accord de Delphine Thibault - www.tablettesetpirouettes.com ; **p. 71** © nadezhda1906 - stock.adobe.com ; **p. 86** © Nicolas Pinel ; **p. 91** basket © Gee - stock.adobe.com ; rugby © rost9 - stock.adobe.com ; **p. 92** emballage 1 © Janina Dierks - stock.adobe.com ; emballage 2 boonchuay1970 - stock.adobe.com ; emballage 3 © esoxx - stock.adobe.com ; **pp. 94-98-100-104** © Nicolas Pinel ; **p. 105** Avec l'accord gracieux de Maitresse Aurel http://maitresseaurel.eklablog.com/ ; **pp. 109-111-112-114-115-119-126-127-128-129-131-132-133-134-137** © Nicolas Pinel ; **p. 145** avec l'accord gracieux de Delphine Thibault www.tablettesetpirouettes.com ; **pp. 148-162-167** © Nicolas Pinel ; **p. 168** DR image extraite de https://sites.google.com/site/lapetitemaisondessciences/les-modules/ca-roule/-faire-sa-taille-et-la-mesurer ; **p. 169** © Nicolas Pinel ; **p. 170** Avec l'accord gracieux de Delphine Guichard www.charivarialecole.fr ; **p. 178** Avec l'accord gracieux www.ec-balzac-nanterre.ac-versailles.fr ; **p. 180** img 1 © Beatrice Prève - stock.adobe.com ; img2 © Unclesam - stock.adobe.com ; **p. 184** © Nicolas Pinel.

Conception graphique : Anne-Danielle Naname
Couverture : Frédéric Jély et Emma Lechardoy
Illustration : Philippe Derriea
Iconographie : Sylvie Leneveu
Mise en pages et schémas : CGI
Édition : Marion Noesser

FSC www.fsc.org
MIXTE
Papier issu de sources responsables
FSC® C022030

Nathan est un éditeur qui s'engage pour la préservation de l'environnement et qui utilise du papier fabriqué à partir de bois provenant de forêts gérées de manière responsable.

N° d'éditeur : 10256941 - Dépôt légal : juillet 2019
Imprimé en France par Clerc en juillet 2019